BURITI Plus PORTUGUÊS

CADERNO DE ATIVIDADES

5

Organizadora: Editora Moderna

Obra coletiva concebida, desenvolvida
e produzida pela Editora Moderna.

Com resumo
dos conteúdos

Editora Executiva:
Marisa Martins Sanchez

NOME: ....

....TURMA: ....

ESCOLA: ....

....

1ª edição

MODERNA

© Editora Moderna, 2019

Elaboração de originais:

Christina Binato
Licenciada em Letras pela Universidade Mackenzie. Editora.

Débora Lima
Licenciada em Letras pelas Faculdades São Judas Tadeu. Editora.

Márcia Maria Villanacci Braga
Licenciada em Pedagogia pelo Centro Universitário Assunção. Pós-graduada em Psicopedagogia pela mesma instituição. Professora do Ensino Fundamental em escolas particulares. Orientadora Educacional do Ensino Fundamental em escola particular.

Marisa Martins Sanchez
Licenciada em Letras pelas Faculdades São Judas Tadeu. Professora dos Ensinos Fundamental e Médio em escolas públicas e particulares. Editora.

Coordenação editorial: Marisa Martins Sanchez
Edição de texto: Ofício do Texto Projetos Editoriais
Assistência editorial: Ofício do Texto Projetos Editoriais
Gerência de *design* e produção gráfica: Everson de Paula
Coordenação de produção: Patricia Costa
Suporte administrativo editorial: Maria de Lourdes Rodrigues
Coordenação de *design* e projetos visuais: Marta Cerqueira Leite
Projeto gráfico: Adriano Moreno Barbosa, Daniel Messias, Mariza de Souza Porto
Capa: Bruno Tonel
   Ilustração: Raul Aguiar
Coordenação de arte: Wilson Gazzoni Agostinho
Edição de arte: Teclas Editorial
Editoração eletrônica: Teclas Editorial
Coordenação de revisão: Elaine Cristina del Nero
Revisão: Ofício do Texto Projetos Editoriais
Coordenação de pesquisa iconográfica: Luciano Baneza Gabarron
Pesquisa iconográfica: Ofício do Texto Projetos Editoriais
Coordenação de *bureau*: Rubens M. Rodrigues
Tratamento de imagens: Fernando Bertolo, Joel Aparecido, Luiz Carlos Costa, Marina M. Buzzinaro
Pré-impressão: Alexandre Petreca, Everton L. de Oliveira, Marcio H. Kamoto, Vitória Sousa
Coordenação de produção industrial: Wendell Monteiro
Impressão e Acabamento: NB Impress

Lote 781.337

Cod 12120306

Dados Internacionais de Catalogação na Publicação (CIP)
(Câmara Brasileira do Livro, SP, Brasil)

Buriti plus : português : caderno de atividades / organizadora Editora Moderna ; obra coletiva concebida, desenvolvida e produzida pela Editora Moderna ; editora executiva Marisa Martins Sanchez. – 1. ed. – São Paulo : Moderna, 2019. – (Projeto Buriti)

Obra em 5 v. para alunos do 1º ao 5º ano.

1. Português (Ensino fundamental) I. Sanchez, Marisa Martins. II. Série.

19-25846   CDD-372.6

Índices para catálogo sistemático:
1. Português : Ensino fundamental 372.6

Maria Alice Ferreira — Bibliotecária — CRB-8/7964

ISBN 978-85-16-12030-6 (LA)
ISBN 978-85-16-12031-3 (LP)

EDITORA MODERNA LTDA.
Rua Padre Adelino, 758 – Belenzinho
São Paulo – SP – Brasil – CEP 03303-904
Vendas e Atendimento: Tel. (0_ _11) 2602-5510
Fax (0_ _11) 2790-1501
www.moderna.com.br
2023
Impresso no Brasil

1 3 5 7 9 10 8 6 4 2

Neste *Caderno de Atividades*, você encontrará uma grande variedade de atividades para exercitar ainda mais seus conhecimentos de gramática e de ortografia.

Logo no início, há uma seção chamada **Lembretes** com o resumo de conteúdos estudados no 5º ano. Você pode recorrer a ela para refrescar a memória, caso tenha se esquecido de algum conceito.

Há uma seção chamada **Desafio** ao final de cada bloco de atividades. Fique atento para encontrar alguns erros de gramática e de ortografia.

Esperamos que você sinta prazer em usar este *Caderno* e que ele o ajude a ficar craque em língua portuguesa!

Os editores

Sumário

ILUSTRAÇÕES: ALBERTO DE STEFANO

Formação de palavras

Formação de palavras por composição: modo de formar palavras pela união de outras. As palavras formadoras podem ser da mesma classe gramatical ou de classes gramaticais diferentes.

- Um tipo de composição é formar uma nova palavra unindo duas ou mais palavras com ou sem **hífen**.

  → *couve-flor*: *couve* (substantivo) + *flor* (substantivo)

  → *amor-perfeito*: *amor* (substantivo) + *perfeito* (adjetivo)

  → *luso-brasileiro*: *luso* (adjetivo) + *brasileiro* (adjetivo)

  → *terça-feira*: *terça* (numeral) + *feira* (substantivo)

  → *guarda-roupa*: *guarda* (verbo) + *roupa* (substantivo)

  → *girassol*: *gira* (verbo) + *sol* (substantivo)

  → *passatempo*: *passa* (verbo) + *tempo* (substantivo)

  → *rodapé*: *roda* (verbo) + *pé* (substantivo)

  → *bem-me-quer*: *bem* (advérbio) + *me* (pronome) + *quer* (verbo)

  → *cor-de-rosa*: *cor* (substantivo) + *de* (preposição) + *rosa* (substantivo)

Formação de palavras por derivação: modo de formar palavras juntando terminações a elas.

- EZ, EZA, IA, (I)DADE, ICE: formam substantivos derivados de adjetivos.

  → sensato – *sensatez*   → bravo – *braveza*   → sutil – *sutileza*

  → melhor – *melhoria*   → brutal – *brutalidade*   → tolo – *tolice*

> ESA: terminação usada para formar o feminino da maioria dos adjetivos pátrios e de alguns substantivos.
>
> → *francês – francesa; duque – duquesa; burguês – burguesa*
>
> ISSE: terminação de **verbo da 3ª conjugação**, na 1ª e na 3ª pessoa.
>
> → *se eu sumisse; se ele caísse*

- ADA: forma substantivos derivados de substantivos.

  → caju – *cajuada*   → marmelo – *marmelada*   → cabeça – *cabeçada*

- NTE, (D)OR, DOURO, ÓRIO: formam substantivos derivados de verbos.

  → brilhar – *brilhante*   → correr – *corredor*   → viajar – *viajor*

  → criar – *criadouro*   → velar – *velório*   → consultar – *consultório*

Pronome

Palavra usada no lugar de um substantivo (palavra que dá nome a pessoas, animais, lugares, plantas, sentimentos etc.) ou que acompanha o substantivo.

Pronome pessoal: indica as três pessoas do discurso.

Singular	1ª pessoa	eu, me, mim, comigo
	2ª pessoa	tu, te, ti, contigo
	3ª pessoa	ele, ela, se, si, consigo, o, a, lhe
Plural	1ª pessoa	nós, nos, conosco
	2ª pessoa	vós, vos, convosco
	3ª pessoa	eles, elas, se, si, consigo, os, as, lhes

Pronome demonstrativo: indica a posição dos seres em relação às pessoas gramaticais.

- Este, esta, estes, estas, isto: indicam que o ser do qual se fala está próximo da pessoa que fala.

- Esse, essa, esses, essas, isso: indicam que o ser do qual se fala está próximo da pessoa com quem se fala.

- Aquele, aquela, aqueles, aquelas, aquilo: indicam que o ser do qual se fala está distante da pessoa que fala e da pessoa com quem se fala.

Pronome possessivo: indica ideia de posse em relação às pessoas gramaticais.

- 1ª pessoa: meu(s), minha(s), nosso(s), nossa(s)
- 2ª pessoa: teu(s), tua(s), vosso(s), vossa(s)
- 3ª pessoa: seu(s), sua(s)

Acentuação

Acentuação das palavras monossílabas: são acentuadas as monossílabas tônicas terminadas em A, AS, E, ES, O, OS.

→ *já*, *gás*, *pé*, *três*, *nó*, *sós*, *xô*

Acentuação das palavras oxítonas: são acentuadas as oxítonas terminadas em A, AS, E, ES, EM, ENS, O, OS.

→ *fubá*, *lilás*, *chulé*, *dublê*, *através*, *alguém*, *parabéns*, *rabicó*, *camelôs*

Acentuação das palavras proparoxítonas: todas as proparoxítonas são acentuadas.

→ *sábado*, *câmara*, *médico*, *cêntuplo*, *cínico*, *cólera*, *bafômetro*, *cúpula*

Acentuação das palavras paroxítonas: são acentuadas as paroxítonas terminadas em:

- ditongo, seguido ou não de S → *mídia*, *frágeis*, *acessório*, *edifícios*
- us e i(s) → *vírus*, *Vênus*, *júri*, *mapa-múndi*, *bílis*
- ão(s), ã(s), um, uns → *órgãos*, *imã*, *órfãs*, *quórum*, *médiuns*
- L, N, R, X, PS → *cônsul*, *hífen*, *caráter*, *fênix*, *fórceps*

Abreviatura, sigla e símbolo

Abreviatura: escrita reduzida de uma palavra ou expressão.

→ *av.* (*avenida*), *ap.* (*apartamento*), *prof.* (*professor*), *TV* (*televisão*)

Sigla: conjunto de letras iniciais do nome de uma entidade, de um órgão, de um país etc.

→ *EUA* (*Estados Unidos da América*), *APAE* (*Associação de Pais e Amigos dos Excepcionais*), *SC* (*Santa Catarina*)

Símbolo: convenção, geralmente de valor internacional. Os símbolos são escritos em letra minúscula e sem ponto-final.

→ *km* (*quilômetro*), *kg* (*quilograma*), *g* (*grama*), *h* (*hora*)

Verbo

Palavra que expressa ação, estado de um ser ou fenômeno da natureza.

Conjugação

- 1ª conjugação: AR → *estudar*
- 2ª conjugação: ER → *escrever*
- 3ª conjugação: IR → *produzir*

Tempo

- Presente → *eu estudo*
- Passado → *eu escrevi*
- Futuro → *eu produzirei*

Modos do verbo

- **Modo indicativo:** expressa, em geral, um fato certo ou real.
- **Modo subjuntivo:** expressa, em geral, um desejo ou um fato incerto, duvidoso ou irreal.
- **Modo imperativo:** expressa ordem, advertência, conselho, pedido, convite ou súplica.

Tempos do modo indicativo

- **Presente:** expressa um fato que ocorre no momento da fala.
  → *Os inuítes **habitam** no Canadá.*

- **Pretérito imperfeito:** expressa um fato que ocorreu, mas não foi concluído no passado.
  → *Depois do almoço, eu **corria** para a casa da vovó para comer doce.*

  > Pretérito = passado

- **Pretérito perfeito:** expressa um fato que ocorreu e foi concluído no passado.
  → *Todos os jornais **publicaram** a notícia do incêndio.*

- **Pretérito mais-que-perfeito:** expressa um fato que ocorreu no passado antes de outro fato.
  → *A família já **almoçara** quando ele chegou.*

- **Futuro do presente:** expressa um fato que ocorrerá após o momento da fala.
  → *O desmatamento **provocará** cada vez mais enchentes.*

- **Futuro do pretérito:** expressa um fato que deveria ter acontecido no passado.
  → *Ontem você me disse que **telefonaria**.*

Tempos do modo subjuntivo

- **Presente:** expressa um fato que talvez aconteça no momento em que se fala. Geralmente, o verbo vem acompanhado da palavra que.
  → *Os pais desejam **que** seus filhos **estudem** em boas escolas.*

- **Pretérito imperfeito:** expressa um fato que talvez tenha acontecido ou poderia ter acontecido. Geralmente, o verbo vem acompanhado da palavra se.

  → *Se eles **estudassem**, tirariam boas notas.*

- **Futuro:** indica um fato que talvez se realize no futuro. Geralmente, o verbo vem acompanhado das palavras quando ou se.

  → ***Quando** todas as crianças **estudarem**, o mundo será mais justo.*

Formas do modo imperativo

- **Imperativo afirmativo** → ***Respeite** a natureza.*

- **Imperativo negativo:** o verbo vem sempre precedido por não ou outra palavra de sentido negativo. → ***Não desista! Nunca deixe** de sonhar.*

Verbo auxiliar: aquele que ajuda o **verbo principal** a expressar seu significado. Os dois juntos formam uma **locução verbal**.

- **Verbos auxiliares mais usados:** *ser, estar, ter, haver* e *ir.*

  → *O frio **ia ser** rigoroso, portanto, já **haviam guardado** provisões.*

Advérbio

Palavra que modifica um verbo, um adjetivo, outro advérbio ou até uma frase, indicando uma circunstância. Os advérbios são classificados de acordo com a circunstância que expressam.

- **Afirmação:** certamente, sim, deveras, realmente etc.
- **Dúvida:** talvez, possivelmente, provavelmente etc.
- **Intensidade:** muito, pouco, bastante etc.
- **Lugar:** aqui, ali, lá, acolá etc.
- **Modo:** imediatamente, bem, mal, assim, depressa etc.
- **Negação:** não, absolutamente, tampouco etc.
- **Tempo:** hoje, ontem, amanhã, nunca etc.

Locução adverbial: conjunto de palavras que tem o mesmo valor de um advérbio. Algumas locuções adverbiais: às vezes, com certeza, à noite, sem dúvida, de longe, às pressas, à toa.

→ ***Com certeza** ele virá.*   → *É possível ver o mar **de longe**.*

Preposição

Palavra que liga palavras estabelecendo uma relação de sentido entre elas. São preposições: a, ante, após, até, com, contra, de, desde, em, entre, para, perante, por, sem, sob, sobre, trás.

→ *poder **de** decisão; picado **por** uma abelha; debate **sobre** futebol*

Locução prepositiva: expressão formada por duas ou mais palavras, sendo a última delas uma preposição. Tem o mesmo valor da preposição. Algumas locuções prepositivas: a fim de, antes de, ao redor de, por entre, de acordo com, junto de etc.

→ *entrega **de acordo com** o pedido; manifestação **ao redor da** fábrica*

> Lembre-se de que a **locução prepositiva** sempre termina com preposição.

União de preposição com artigo: as preposições de, em, por e a podem se unir aos artigos formando uma só palavra.

- *da(s):* de (preposição) + a(s) (artigo)
- *do(s):* de (preposição) + o(s) (artigo)
- *dum, duns:* de (preposição) + um, uns (artigo)
- *na(s):* em (preposição) + a(s) (artigo)
- *no(s):* em (preposição) + o(s) (artigo)
- *num, nuns:* em (preposição) + um, uns (artigo)
- *pela(s):* por (preposição) + a(s) (artigo)
- *pelo(s):* por (preposição) + o(s) (artigo)
- *à(s):* a (preposição) + a(s) (artigo)
- *ao(s):* a (preposição) + o(s) (artigo)

Crase: quando a preposição a se une ao artigo feminino a(as). Essa união é indicada pelo acento grave (`).

→ *Sentou **à** mesa com sua família.*   → *Não fui **às** aulas, pois estava doente.*

Conjunção

Palavra invariável que liga orações ou palavras. Algumas conjunções: e, nem, ou, mas, porém, todavia, contudo, pois, que, por isso, porque, portanto, logo, enquanto, se, acaso, conforme, como, mesmo que, a menos que, a fim de que, quando, de modo que.

> **Mas** é conjunção e exprime oposição, restrição, advertência. **Mais** é advérbio que exprime intensidade, maior grau, quantidade.
> → *Precisa estudar **mais, mas** com atenção.*

→ *Laura chegou atrasada,* **porém** *sua amiga entendeu.*

        oração   conjunção   oração

→ *O pai* **ou** *a mãe pode autorizar a viagem do filho.*

        conjunção

Frase e oração

Frase: palavra ou conjunto organizado de palavras que, em uma situação de comunicação, transmite um pensamento completo.

- **Frase nominal:** que não tem verbo. → *Silêncio: hospital.*

- **Frase verbal:** que tem verbo. Nesse caso, é chamada de oração.

    → *A noite* **vai ser** *fria...*   → **Trouxe** *este cobertor para você.*

Oração: tem dois elementos principais, sujeito e predicado.

- **Sujeito:** ser sobre o qual declaramos alguma coisa.

- **Predicado:** aquilo que declaramos sobre o sujeito.

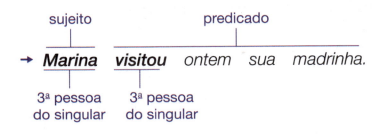

sujeito   predicado

→ **Marina** **visitou** *ontem sua madrinha.*

  3ª pessoa   3ª pessoa
do singular   do singular

> O **verbo** faz parte do **predicado** e concorda com o sujeito em número e pessoa.

ISAR e IZAR

ISAR: terminação usada quando o verbo tem origem em um substantivo ou adjetivo que tem S na última sílaba.

→ improvi**s**o: improvi**s** + ar = *improvi**sar***   → li**s**o: a + li**s**o + ar = *ali**sar***

IZAR: terminação usada quando o verbo tem origem em um substantivo ou adjetivo que **não** tem S na última sílaba.

→ alfabeto: alfabet + **izar** = *alfabet**izar***   → ágil: agil + **izar** = *agil**izar***

ICE e ISSE

ICE: terminação que forma substantivos.

→ biruta – *birut**ice***   → crença – *crend**ice***

ISSE: terminação que forma o subjuntivo de verbos da 3ª conjugação.

→ part**ir** – *part**isse***

Palavras

Mau: é adjetivo, pois caracteriza um substantivo. É antônimo de **bom**.

→ *lobo*   ***mau***   *lobo*   ***bom***

  substantivo   adjetivo   substantivo   adjetivo

Mal: é advérbio quando indica circunstância de modo. É antônimo de **bem**.

→ *Ontem passei*   ***mal****.*   *passar*   ***bem***

        verbo   advérbio   verbo   advérbio

              de modo   de modo

Mal: é substantivo quando significa "doença" ou "algo ruim". Nesse caso, vem acompanhado de artigo.

→ *Ele sofre de um*   ***mal***   *incurável.*

            artigo   substantivo

Cesta: substantivo. Usado para guardar ou transportar objetos; rede de malha, sem fundo, presa a um aro por onde deve passar a bola no jogo de basquete. Feminino de cesto.

→ *No Natal, ganhamos uma **cesta** de frutas do nosso fornecedor.*

→ *Coloque a roupa suja no **cesto**.*

Sexta: numeral ordinal e fracionário que corresponde a 6. Feminino de sexto.

→ *A palestra será na última **sexta**-feira do mês.*

→ *São seis irmãos: ele recebeu um **sexto** da herança.*

Comprimento: extensão de algo no sentido de uma extremidade a outra, ou seja, de ponta a ponta.

→ *O tapete foi instalado em todo o **comprimento** do corredor.*

Cumprimento: palavra ou gesto de saudação; elogio; felicitação; realização de uma tarefa.

→ *Fez um **cumprimento** com a cabeça.*

→ *O bombeiro recebeu muitos **cumprimentos**.*

→ *Coube às autoridades o **cumprimento** da lei.*

Tem: verbo **ter**, 3ª pessoa do singular do presente do indicativo.

→ *O regente da orquestra **tem** muito talento.*

Têm: verbo **ter**, 3ª pessoa do plural do presente do indicativo.

→ *Todos os músicos da orquestra **têm** muito talento.*

Vem: verbo **vir**, 3ª pessoa do singular do presente do indicativo.

→ *Aquele catador de papel **vem** recolher os resíduos logo cedo.*

Vêm: verbo **vir**, 3ª pessoa do plural do presente do indicativo.

→ *Outros catadores de papel **vêm** à noite.*

Vê: verbo **ver**, 3ª pessoa do singular do presente do indicativo.

→ *A vizinha fofoqueira **vê**, da janela, tudo o que acontece na rua.*

Veem: verbo **ver**, 3ª pessoa do plural do presente do indicativo.

→ *Os vizinhos ocupados nunca **veem** a mulher na janela.*

Lê: verbo **ler**, 3ª pessoa do singular do presente do indicativo.

→ *Milu **lê** muito, por isso escreve tão bem.*

Leem: verbo **ler**, 3ª pessoa do plural do presente do indicativo.

→ *Os irmãos de Milu não **leem** tanto quanto ela.*

Traz: verbo **trazer**, 3ª pessoa do plural do presente do indicativo.

→ *Você **traz** um sanduíche para mim, por favor?*

Trás: preposição. Uso mais frequente na locução prepositiva por trás de.

→ ***Por trás de** seu sorriso há uma grande revolta.*

Atrás: advérbio de lugar. Pode significar *detrás*, *depois*, *a seguir*.

→ *O vestido tem um bordado **atrás**.*

Atrás de: locução prepositiva que pode significar:

• em busca de, à procura. → *A polícia foi **atrás do** ladrão.*

• em lugar posterior. → *Escondeu-se **atrás da** porta.*

Sessão: intervalo de tempo de algumas atividades: um filme, uma assembleia, uma consulta ao terapeuta, uma reunião.

→ *Gosto de ir à primeira **sessão** de cinema, pois não há fila.*

→ *Os deputados reuniram-se em **sessão** extraordinária.*

→ *O terapeuta desmarcou a **sessão** de quinta-feira.*

Seção: parte de um todo, segmento, divisão, setor.

→ *As crianças adoram a **seção** de brinquedos e jogos.*

→ *A notícia do incêndio saiu na **seção** policial.*

→ *Marcos trabalha na **seção** de alimentos perecíveis.*

Cessão: ato de ceder, ato de dar.

→ *Meu tio fez a **cessão** de sua herança para todos os sobrinhos.*

Por que: equivalente a "por que razão", "por que motivo". Geralmente, usado no início de uma pergunta.

→ ***Por que** as crianças perguntam tanto?*

→ *Os adultos não entendem **por que** as crianças perguntam tanto.*

Por quê: equivalente a "por que razão", "por que motivo", usado no final de frase.

→ *As crianças perguntam tanto **por quê**?*

Porque: introduz uma explicação ou causa. Geralmente, aparece no início de uma resposta dada a uma pergunta.

→ *Por que as crianças perguntam tanto? **Porque** elas querem aprender!*

Porquê: sinônimo de "razão" ou "motivo". Nesse caso, é um substantivo e geralmente vem acompanhado de artigo.

→ *Todos sabem **o porquê** de tanta insegurança.*

Há: verbo **haver**. Indicação de tempo transcorrido ou distância percorrida.

→ *Esse evento foi marcado **há** muito tempo.*

→ *Passamos pelo cinema **há** dois quilômetros.*

A: pode ser artigo, pronome pessoal ou preposição indicando tempo futuro ou distância a ser percorrida.

→ *Eu **a** verei daqui **a** pouco com **a** Camila.*

pronome pessoal   preposição   artigo

Letras e dígrafos

C tem som S quando é seguido de E e I. → *circense*

Ç sempre tem som S, é seguido de A, O e U e nunca inicia uma palavra. → *moça*, *espaço*, *açúcar*

S tem som S no início ou no final de palavras e de sílabas. → *sopa*, *sopas*, *ur-so*, *pes-caria*

O dígrafo SS tem som S e só aparece entre vogais. → *assassino*, *classe*, *bússola*, *assunto*

Os dígrafos SC, SÇ e XC têm som S. → *piscina*, *cresço*, *excelente*

X representa os sons:

- CH → *enxada*
- S → *explicação*
- Z → *exato*
- CS → *táxi*

Modelo da 1ª conjugação verbal – verbo CANTAR
Modo indicativo

Presente	Pretérito perfeito	Pretérito imperfeito	Pretérito mais--que-perfeito	Futuro do presente	Futuro do pretérito
canto	cantei	cantava	cantara	cantarei	cantaria
cantas	cantaste	cantavas	cantaras	cantarás	cantarias
canta	cantou	cantava	cantara	cantará	cantaria
cantamos	cantamos	cantávamos	cantáramos	cantaremos	cantaríamos
cantais	cantastes	cantáveis	cantáreis	cantareis	cantaríeis
cantam	cantaram	cantavam	cantaram	cantarão	cantariam

Modo subjuntivo

Presente	Pretérito imperfeito	Futuro simples
cante	cantasse	cantar
cantes	cantasses	cantares
cante	cantasse	cantar
cantemos	cantássemos	cantarmos
canteis	cantásseis	cantardes
cantem	cantassem	cantarem

Modo imperativo

Afirmativo	Negativo
_____	_____
canta (tu)	Não cantes (tu)
cante (você)	Não cante (você)
cantemos (nós)	Não cantemos (nós)
cantai (vós)	Não canteis (vós)
cantem (vocês)	Não cantem (vocês)

Modelo da 2ª conjugação verbal – verbo BEBER
Modo indicativo

Presente	Pretérito perfeito	Pretérito imperfeito	Pretérito mais--que-perfeito	Futuro do presente	Futuro do pretérito
bebo	bebi	bebia	bebera	beberei	beberia
bebes	bebeste	bebias	beberas	beberás	beberias
bebe	bebeu	bebia	bebera	beberá	beberia
bebemos	bebemos	bebíamos	bebêramos	beberemos	beberíamos
bebeis	bebestes	bebíeis	bebêreis	bebereis	beberíeis
bebem	beberam	bebiam	beberam	beberão	beberiam

Modo subjuntivo

Presente	Pretérito imperfeito	Futuro simples
beba	bebesse	beber
bebas	bebesses	beberes
beba	bebesse	beber
bebamos	bebêssemos	bebermos
bebais	bebêsseis	beberdes
bebam	bebessem	beberem

Modo imperativo

Afirmativo	Negativo
_____	_____
bebe (tu)	Não bebas (tu)
beba (você)	Não beba (você)
bebamos (nós)	Não bebamos (nós)
bebei (vós)	Não bebais (vós)
bebam (vocês)	Não bebam (vocês)

Modelo da 3ª conjugação verbal – verbo PARTIR

Modo indicativo

Presente	Pretérito perfeito	Pretérito imperfeito	Pretérito mais--que-perfeito	Futuro do presente	Futuro do pretérito
parto	parti	partia	partira	partirei	partiria
partes	partiste	partias	partiras	partirás	partirias
parte	partiu	partia	partira	partirá	partiria
partimos	partimos	partíamos	partíramos	partiremos	partiríamos
partis	partistes	partíeis	partíreis	partireis	partiríeis
partem	partiram	partiam	partiram	partirão	partiriam

Modo subjuntivo

Presente	Pretérito imperfeito	Futuro simples
parta	partisse	partir
partas	partisses	partires
parta	partisse	partir
partamos	partíssemos	partirmos
partais	partísseis	partirdes
partam	partissem	partirem

Modo imperativo

Afirmativo	Negativo
_____	_____
parte (tu)	Não partas (tu)
parta (você)	Não parta (você)
partamos (nós)	Não partamos (nós)
parti (vós)	Não partais (vós)
partam (vocês)	Não partam (vocês)

Conjugação dos verbos auxiliares – Modo indicativo

TER

Presente	Pretérito perfeito	Pretérito imperfeito	Pretérito mais- -que-perfeito	Futuro do presente	Futuro do pretérito
tenho	tive	tinha	tivera	terei	teria
tens	tiveste	tinhas	tiveras	terás	terias
tem	teve	tinha	tivera	terá	teria
temos	tivemos	tínhamos	tivéramos	teremos	teríamos
tendes	tivestes	tínheis	tivéreis	tereis	teríeis
têm	tiveram	tinham	tiveram	terão	teriam

SER

Presente	Pretérito perfeito	Pretérito imperfeito	Pretérito mais- -que-perfeito	Futuro do presente	Futuro do pretérito
sou	fui	era	fora	serei	seria
és	foste	eras	foras	serás	serias
é	foi	era	fora	será	seria
somos	fomos	éramos	fôramos	seremos	seríamos
sois	fostes	éreis	fôreis	sereis	seríeis
são	foram	eram	foram	serão	seriam

HAVER

Presente	Pretérito perfeito	Pretérito imperfeito	Pretérito mais- -que-perfeito	Futuro do presente	Futuro do pretérito
hei	houve	havia	houvera	haverei	haveria
hás	houveste	havias	houveras	haverás	haverias
há	houve	havia	houvera	haverá	haveria
havemos	houvemos	havíamos	houvéramos	haveremos	haveríamos
haveis	houvestes	havíeis	houvéreis	havereis	haveríeis
hão	houveram	haviam	houveram	haverão	haveriam

ESTAR

Presente	Pretérito perfeito	Pretérito imperfeito	Pretérito mais--que-perfeito	Futuro do presente	Futuro do pretérito
estou	estive	estava	estivera	estarei	estaria
estás	estiveste	estavas	estiveras	estarás	estarias
está	esteve	estava	estivera	estará	estaria
estamos	estivemos	estávamos	estivéramos	estaremos	estaríamos
estais	estivestes	estáveis	estivéreis	estareis	estaríeis
estão	estiveram	estavam	estiveram	estarão	estariam

IR

Presente	Pretérito perfeito	Pretérito imperfeito	Pretérito mais--que-perfeito	Futuro do presente	Futuro do pretérito
vou	fui	ia	fora	irei	iria
vais	foste	ias	foras	irás	irias
vai	foi	ia	fora	irá	iria
vamos	fomos	íamos	fôramos	iremos	iríamos
ides	fostes	íeis	fôreis	ireis	iríeis
vão	foram	iam	foram	irão	iriam

Formação de palavras (composição)

1 Leia as frases e assinale somente as afirmativas corretas.

a) O guarda-costas segurou o guarda-chuva para a atriz.

☐ Na frase há apenas um substantivo composto.

☐ Na frase há dois substantivos compostos.

b) A criança malcriada esmagou o malmequer.

☐ **Malcriada** não é um substantivo composto.

☐ **Malmequer** e **malcriada** são substantivos compostos.

c) Na festa, serviram cachorro-quente com chá de erva-doce!

☐ Na frase há dois substantivos compostos: **festa** e **chá**.

☐ **Cachorro-quente** e **erva-doce** são substantivos compostos.

d) A banana-maçã, a couve-flor e o morango estão com os preços altíssimos!

☐ **Banana-maçã**, **couve-flor** e **morango** são substantivos compostos.

☐ Na frase há dois substantivos compostos, e **morango** não é um deles.

2 Observe as imagens e crie substantivos compostos.

+ = [   ]

+ = [   ]

+ = [   ]

ILUSTRAÇÕES: ALBERTO DE STEFANO

3 Numere a segunda coluna combinando-a com a primeira para formar substantivos compostos.

Atenção

Algumas palavras terão hífen; outras, não!

➤ Escreva no quadro os substantivos compostos que você formou.

1 bate
2 bem
3 ponta
4 amor
5 auto
6 criado

☐ perfeito
☐ mudo
☐ peças
☐ papo
☐ pé
☐ estar

_____

_____

_____

_____

_____

ALBERTO DE STEFANO

4 Encontre no diagrama o nome destes animais.

L	R	Z	E	A	B	E	I	J	A	-	F	L	O	R
O	N	Ç	A	-	P	I	N	T	A	D	A	G	I	T
B	Á	C	B	Z	K	U	S	M	N	H	O	-	A	Ã
O	V	E	S	M	I	C	O	-	L	E	Ã	O	F	D
-	I	Ç	A	-	D	F	U	Ç	N	X	J	V	Z	R
G	C	A	V	A	L	O	-	M	A	R	I	N	H	O
U	X	L	-	U	S	J	Z	U	S	J	B	Y	Q	S
A	E	S	T	R	E	L	A	-	D	O	-	M	A	R
R	U	K	-	V	K	Ã	J	L	Z	U	B	Y	R	I
Á	G	U	A	-	V	I	V	A	L	L	Ã	O	B	O

Escolha um substantivo composto que você encontrou e crie uma frase.

_____

Palavras com pronúncia igual

1 Leia a tirinha.

MAFALDA

Quino

> No segundo quadrinho, a palavra **sessão** significa:

☐ divisão de uma obra escrita.

☐ tempo de duração de um espetáculo.

☐ transferência de um direito.

2 Complete as placas com **sessão**, **seção** ou **cessão**.

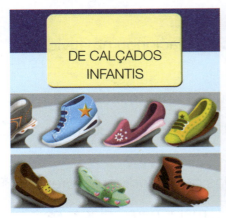

DE CALÇADOS INFANTIS

DE LIVROS

DE DESENHOS

3 Reescreva as frases em que houver erro.

a) O homem compareceu ao cartório para assinar a cessão de seus bens.

b) Luana abriu o livro na sessão de gramática.

c) Minha mãe comprou ingressos para a seção das 18 horas.

_____

_____

_____

4 Relacione as palavras a seguir à ilustração correspondente.

cesta	cesto	sexta	sexto

ILUSTRAÇÕES: CARLOS ASANUMA

Abril 2019						
Domingo	Segunda	Terça	Quarta	Quinta	Sexta	Sábado
	1	2	3	4	5	6
7	8	9	10	11	12	13
14	15	16	17	18	19	20
21	22	23	24	25	26	27
28	29	30				

5 Complete as frases a seguir com as palavras que você relacionou na atividade anterior. Faça adaptações, se necessário.

a) Na _____-feira, será a estreia de um filme muito divertido.

b) Ela ficou em _____ lugar em um concurso de ilustração com mais de duzentos participantes.

c) Há várias _____ produzidas pelos povos indígenas brasileiros.

d) Eles estão procurando um _____ maior para colocar os materiais recicláveis.

6 Complete o quadro a seguir de acordo com as conclusões a que você chegou ao fazer as atividades de 1 a 5.

> As palavras **sessão**, **seção** e **cessão** têm a pronúncia _____,
>
> mas grafias e sentidos _____. Isso também ocorre com as
>
> palavras **cesta** e **sexta**, e com **cesto** e **sexto**.

Formação de palavras (derivação)

1 Complete as palavras a seguir com as terminações adequadas.

EZ	EZA	DADE	IA	ICE
ADA	NTE	(D)OR	DOURO	ÓRIO

a) caça_____

b) queij_____

c) palid_____

d) amacia_____

e) cert_____

f) geniali_____

g) gulod_____

h) girat_____

i) respira_____

j) carrega_____

k) calmar_____

l) embarca_____

m) autentici_____

n) birut_____

o) goiab_____

p) estupid_____

q) adoça_____

r) zombar_____

s) avar_____

t) classificat_____

ILUSTRAÇÕES: ALBERTO DE STEFANO

2 Ligue as colunas para formar palavras.

agili	ada		observat	ia
barrig	dade		autor	ório

➤ Complete as frases abaixo com as palavras que você formou.

a) A _____ da obra é desconhecida.

b) A classe de Leo fez uma visita ao _____.

c) Vítor pratica esporte para aumentar a _____.

d) Ana pulou na piscina e deu uma _____.

3 Descubra quais são as palavras formadas com as terminações ez, eza, ia, (i)dade, ada, ice, ante, douro, ório, dor e complete a cruzadinha.

(a) casar   (c) covarde   (e) tímido   (g) dente   (i) anual

(b) chato   (d) limpo   (f) ancorar   (h) atacar   (j) despertar

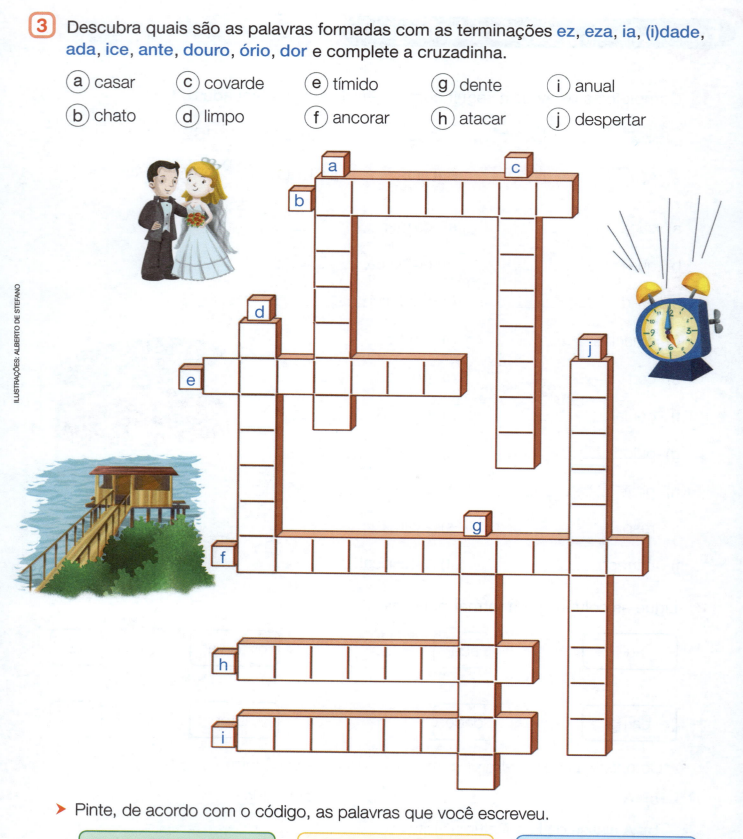

➤ Pinte, de acordo com o código, as palavras que você escreveu.

Substantivos formados de um verbo	Substantivos formados de um adjetivo	Substantivo formado de um substantivo

Por que, porque, por quê e porquê

1 Leia a tirinha.

HAGAR

Dick Browne

NÃO CONSIGO DORMIR, HELGA!

TENTE CONTAR CARNEIRINHOS, HAGAR!

VOCÊ PODE CONTAR PRA MIM?

POR QUE *EU* DEVERIA CONTAR PRA VOCÊ?

PORQUE NÃO CONSIGO VER OS CARNEIRINHOS NESTE QUARTO ESCURO!

a) Explique o uso de **por que** no segundo quadrinho.

_____

_____

b) Explique o uso de **porque** no terceiro quadrinho.

_____

_____

2 Complete as frases com as palavras dos quadrinhos.

porquê   por quê   por que

a) O piloto do carro 66 parou no boxe _____?

b) O jornalista explicou o _____ dessa manobra.

c) Gostaria de saber _____ os diretores não cancelaram a prova.

➤ Agora, ligue as colunas para explicar suas respostas.

Frase **a**	Equivale a "por que razão" no meio da frase.
Frase **b**	Sinônimo de "razão" ou "motivo".
Frase **c**	Equivale a "por que razão" em final de frase.

3 Complete as frases a seguir utilizando por que, porque, por quê ou porquê.

a) — _____ eles não chegaram mais cedo?

— _____ o ônibus demorou a passar.

b) Talvez o _____ da extinção de algumas espécies de sapos esteja relacionado ao aquecimento global.

c) Os espectadores receberam de volta o valor dos ingressos _____ faltou energia no horário do filme.

d) Você não gostou da apresentação _____?

e) Eles explicaram _____ não foram à reunião.

4 Leia a tirinha a seguir e complete-a com por que, porque, por quê ou porquê.

HAGAR

Dick Browne

_____ AS PESSOAS EM DIFERENTES PAÍSES COM DIFERENTES CRENÇAS NÃO PODEM TODAS VIVEREM JUNTAS EM PAZ?

_____ ELAS SE RECUSAM A OUVIR SOBRE O QUE É BOM PARA ELAS!

QUEM IRIA DIZER PRA ELAS O QUE É BOM PRA ELAS?

EU

a) Qual das palavras que você usou para completar a tirinha inicia uma pergunta?

_____

b) Qual palavra inicia uma explicação?

_____

c) Por que a resposta de Hagar no segundo quadrinho gera humor? Responda utilizando uma das palavras que você usou para completar a tirinha.

_____

_____

_____

_____

_____

Ajude o jogador a chegar ao gol completando as frases com uma das opções entre parênteses. Depois, compare suas respostas com as de um colega.

✔ A cada resposta correta, assinale uma casa em direção ao gol.

CARLOS ASANUMA

1 Não sabemos o _____ de toda aquela discussão. (porquê/por quê)

2 _____ chove tanto nesta época do ano? (Por quê/Por que)

3 Eles perderam a partida _____ estavam muito cansados. (porque/por que)

4 A turma não quis participar do campeonato deste ano. Você sabe _____? (por quê/porquê)

5 Os participantes foram desclassificados do concurso, mas ainda não descobriram o _____. (por quê/porquê)

6 A palavra **beija-flor** é formada pela junção de um _____ e um substantivo. (adjetivo/verbo)

7 A palavra **girassol** é formada a partir de um verbo e de um _____. (adjetivo/substantivo)

8 As palavras que formam os substantivos compostos **guarda-roupa** e **quebra-cabeça** são unidas por meio de um _____. (travessão/hífen)

9 A palavra **delicadeza** é formada a partir do _____ **delicado**. (substantivo/adjetivo)

10 A palavra **bananada** é formada a partir do _____ **banana**. (substantivo/adjetivo)

1 Leia este texto.

Ter o rei na barriga

O único cara que eu já ouvi falar que teve de verdade um rei na barriga foi o Gulliver, quando metade da cidade de Lilliput subiu na barriga dele. Inclusive o rei. Mas dizer que fulano tem o rei na barriga é o mesmo que dizer que fulano é metidérrimo, daqueles insuportáveis, que se acham os melhores do mundo em tudo. [...]

Christiane Gribel. Ilustrações Ivan Zigg. *Com a pulga atrás da orelha*. São Paulo: Salamandra, 2013.

a) Sublinhe com um traço os substantivos comuns do texto e com dois traços os substantivos próprios.

b) Copie os pronomes pessoais do texto. _____

c) Esses pronomes correspondem a que pessoas do discurso?

_____

d) Qual pronome pessoal poderia substituir "fulano" no texto? _____

e) O pronome **dele** (de + ele) substitui qual substantivo do texto? _____

2 Reescreva as frases a seguir passando os pronomes para a 1ª pessoa do plural. Faça as mudanças necessárias.

> Ele é insuportável e se acha o melhor do mundo.

_____

_____

> Eu tomei o remédio e já estou me sentindo bem.

_____

_____

3 Nos quadrinhos abaixo, pinte de **azul** os pronomes pessoais.

a) Nós | nos | divertimos | muito | com | a | história | de | Gulliver.

b) Eu | me | considero | uma | pessoa | simples.

c) Ela | foi | gentil | contigo?

d) Todos | eles | foram | gentis | comigo.

4 Circule os pronomes pessoais das frases.

> Depois, ligue as colunas relacionando esses pronomes às pessoas gramaticais correspondentes.

a) Dei-lhe um presente ontem.

b) Carlos vai conosco ao zoo.

c) Coube a mim fazer o bolo.

d) Uni-vos contra a violência!

e) Eles romperam o noivado.

f) Laura gosta de ti.

1ª pessoa do singular

3ª pessoa do plural

1ª pessoa do plural

2ª pessoa do singular

3ª pessoa do singular

2ª pessoa do plural

5 Complete este trecho da cantiga popular *Se essa rua fosse minha* com os pronomes pessoais que faltam.

Se _____ roubei, se _____ roubei teu coração

É porque _____ roubaste o meu também.

Se _____ roubei, se _____ roubei teu coração

É porque, é porque _____ quero bem.

Da tradição popular.

Acentuação de palavras monossílabas, oxítonas e proparoxítonas

1 Circule somente os monossílabos átonos.

réu   má   pés   um

sol   fim   pás   mês   do

na   cem   céu   pó   em

2 Acentue as palavras a seguir quando necessário.

A	B	C	D
domino	armazens	japones	tambem
bambole	cipo	cortes	cafe
xampu	sofa	paleto	sofas
jilo	escrever	sabia	tatu

> Agora, assinale a afirmativa correta.

☐ **a)** Nas colunas A e B, há somente palavras oxítonas acentuadas.

☐ **b)** Nas colunas B, C e D, as palavras são oxítonas e não acentuadas.

☐ **c)** Na coluna C, todas as palavras são oxítonas e acentuadas.

☐ **d)** Nas colunas A e D, há três palavras oxítonas não acentuadas.

3 Acentue as palavras do quadro.

ultimo   cerebro   rustico   pendulo   comodo   marmore

matematica   musico   amendoa   oculos   escandalo   modulo

> O que você observou?

☐ Nem todas as palavras proparoxítonas são acentuadas.

☐ Todas as palavras proparoxítonas são acentuadas.

Reprodução proibida. Art. 184 do Código Penal e Lei 9.610 de 19 de fevereiro de 1998.

4 Escreva as palavras que nomeiam as figuras a seguir acentuando-as corretamente quando necessário.

○ Atenção

As palavras devem ser monossílabas, oxítonas ou proparoxítonas.

_____

_____

_____

ILUSTRAÇÕES: CARLOS ASANUMA

❯ Agora, preencha o quadro a seguir com as palavras que você escreveu.

Monossílabas	Oxítonas	Proparoxítonas

5 Complete o quadro a seguir.

São acentuadas as palavras **monossílabas** tônicas terminadas em _____, AS, _____, ES, O, _____.

São acentuadas as **oxítonas** terminadas em _____, AS, _____, ES, _____, OS, EM, ENS.

_____ as **proparoxítonas** são acentuadas.

Pronome demonstrativo

1 Sublinhe os pronomes demonstrativos das duas tirinhas.

CALVIN E HAROLDO

Bill Watterson

ABAIXA MAIS UM POUCO... ISSO... TÁ BOM!

OBRIGADO POR ME AJUDAR A PRENDER ESTE BALANÇO.

ONDE É QUE VOCÊ FOI ACHAR UM PNEU TÃO LEGAL?

CALVIN, EU PRECISO IR TRABALHAR!!

3-21

CALVIN E HAROLDO

Bill Watterson

QUE CEREAL É ESSE QUE VOCÊ ESTÁ COMENDO?

É O MEU NOVO PREDILETO: "BOMBAS DE CHOCOLATE COM GLACÊ".

EXPERIMENTA. / VALEU.

MFFPBFF!! Q-Q-QUE D-D-DOCE!!

NA VERDADE, FICA MEIO SEM GOSTO SE VOCÊ NÃO COLOCAR UMA COLHER DE AÇÚCAR.

3-22

➤ Complete as frases empregando corretamente os pronomes que você sublinhou nas tirinhas.

a) _____ livro aqui é meu.

b) Que perfume é _____ que você está usando?

2 Observe as cenas e assinale a legenda correta.

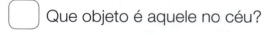 Que objeto é aquele no céu?

 Olhe! O que será este objeto?

☐ O que é aquilo na sua mão, filho?

☐ O que é isso na sua mão, filho?

3 Complete os balões de fala com os pronomes demonstrativos corretos.

Este   Esse   Aquele

_____ é o carro eleito o melhor do ano?

Não! _____ é o carro do ano.

4 Pinte somente as crianças que estão fazendo as afirmações corretas.

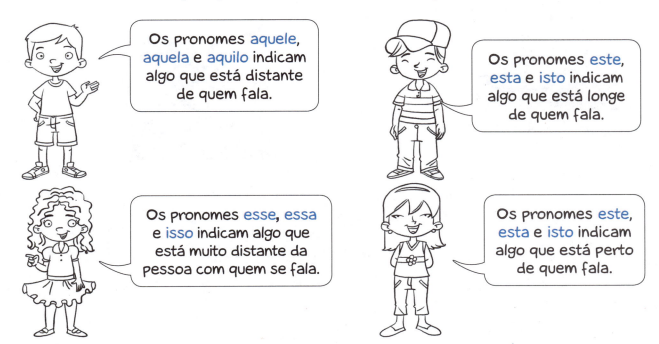

Os pronomes aquele, aquela e aquilo indicam algo que está distante de quem fala.

Os pronomes este, esta e isto indicam algo que está longe de quem fala.

Os pronomes esse, essa e isso indicam algo que está muito distante da pessoa com quem se fala.

Os pronomes este, esta e isto indicam algo que está perto de quem fala.

ILUSTRAÇÕES: ALBERTO DE STEFANO

Acentuação de palavras paroxítonas

1 Pinte os ☐ da segunda coluna para explicar por que as palavras da primeira coluna são acentuadas.

Paroxítonas acentuadas

- ☐ reciclável, pólen
- ☐ tórax, órgão
- ☐ bônus, bíceps
- ☐ álbum, fóruns
- ☐ caráter, jóquei

Porque são terminadas em:

- ☐ **um** e **uns**
- ☐ **r** e **ditongo**
- ☐ **x** e **ão**
- ☐ **l** e **n**
- ☐ **us** e **ps**

2 Escreva o nome das imagens.

☐

☐

☐

☐

➤ Assinale a afirmativa correta.

- ☐ **a)** Todas as palavras são paroxítonas.
- ☐ **b)** Todas as palavras são paroxítonas acentuadas.
- ☐ **c)** São paroxítonas acentuadas porque terminam em **is**, **ã**, **l** e **r**.
- ☐ **d)** As afirmativas **a**, **b** e **c** estão corretas.

3 Acentue somente as paroxítonas terminadas em ditongo.

historia	cotia	cenario
serie	armario	melancia
Siria	macio	ocio

4 Leia o trecho de uma resenha sobre a animação *Pé Pequeno*.

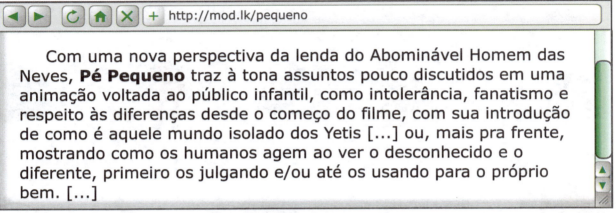

http://mod.lk/pequeno

Com uma nova perspectiva da lenda do Abominável Homem das Neves, **Pé Pequeno** traz à tona assuntos pouco discutidos em uma animação voltada ao público infantil, como intolerância, fanatismo e respeito às diferenças desde o começo do filme, com sua introdução de como é aquele mundo isolado dos Yetis [...] ou, mais pra frente, mostrando como os humanos agem ao ver o desconhecido e o diferente, primeiro os julgando e/ou até os usando para o próprio bem. [...]

Henrique Oliveira. Resenha *Pé Pequeno. Popground,* 10 out. 2018.
Disponível em: <http://mod.lk/pequeno>. Acesso em: 17 jan. 2019.

a) Copie do texto três palavras paroxítonas que são acentuadas.

_____

_____

b) Justifique a acentuação dessas palavras.

_____

_____

_____

5 Entre as palavras a seguir, circule cinco paroxítonas que são acentuadas.

café	tarefa	biquíni	cotia
órgão	melancia	Amapá	bíceps
tórax	José	fácil	macio

Sofia e Bruno receberam o desafio de escrever o nome das figuras acentuando-as corretamente. Mas será que eles acertaram todas as palavras?

ILUSTRAÇÕES: ALBERTO DE STEFANO

pés

pá

nóz

tres

nós

paleto

jacaré

urubú

garí

sofá

camelo

dolar

imã

lápis

côco

pirâmide

abobora

médico

lampada

principe

✔ Copie todas as palavras corrigindo as que Sofia e Bruno erraram.

monossílabas ➡ _____

oxítonas ➡ _____

paroxítonas ➡ _____

proparoxítonas ➡ _____

Pronome possessivo

1 Leia a tirinha e sublinhe os pronomes possessivos que há nela.

CALVIN E HAROLDO

Bill Watterson

➤ A que pessoas gramaticais se referem esses pronomes?

_____

_____

2 Complete as frases com os pronomes possessivos do quadro.

> seu   suas   tuas   nossos   meu   nossa   minhas

a) Eu cuido das _____ coisas. Tu cuidas das _____.

b) Ninguém conhece _____ sofrimentos; só nós mesmos.

c) Você vai usar _____ vestido bordado? O _____ não me serve mais.

d) Ela vive reclamando. Não aguento mais _____ lamúrias.

e) Vivi e eu estamos na mesma classe. _____ professora é ótima!

3 Leia a placa e responda às questões a seguir.

a) Para quem é essa mensagem?

_____

_____

b) Quem escreveu a mensagem?

_____

_____

4 Leia esta tirinha.

TURMA DA MÔNICA   Mauricio de Sousa

a) Explique o humor presente na tirinha.

_____

_____

_____

b) Qual pronome possessivo aparece na tirinha? _____

c) Reescreva a fala do primeiro quadrinho como se fosse a fala do Cebolinha. Faça as adaptações necessárias.

_____

_____

d) Qual pronome possessivo você usou para reescrever a frase?

_____

5 Observe abaixo a capa do DVD de um filme.

a) No título do filme, os pronomes possessivos **seus**, **meus** e **nossos** referem-se a qual palavra que não foi escrita? _____.

b) Ligue os pronomes possessivos às pessoas gramaticais.

seus	1ª pessoa do singular
meus	3ª pessoa do singular
nossos	1ª pessoa do plural

1 Complete as palavras das caixas com **s** ou **z**.

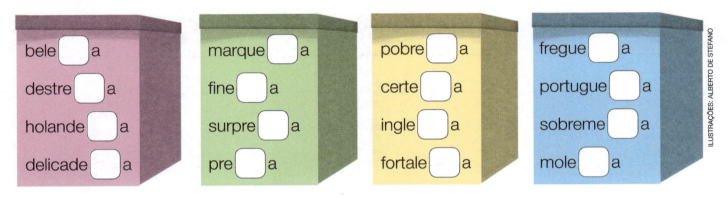

bele☐a
destre☐a
holande☐a
delicade☐a

marque☐a
fine☐a
surpre☐a
pre☐a

pobre☐a
certe☐a
ingle☐a
fortale☐a

fregue☐a
portugue☐a
sobreme☐a
mole☐a

> Agora, circule as palavras que deveriam estar em outra caixa.

2 Descubra as palavras que se referem a cada descrição abaixo.

a) Mulher que mora ou trabalha no campo: _____

b) Antônimo de ataque: _____

c) Falta de ânimo, de vigor: _____

d) Característica do que é sutil: _____

e) Nascida na França: _____

f) Classe dos nobres: _____

g) Feminino de duque: _____

h) O mundo natural: _____

i) Estado de quem está triste: _____

j) Habilidade, facilidade e agilidade de movimentos: _____

k) Nascida em Milão: _____

l) Fruto da framboeseira: _____

m) Qualidade do que é áspero, do que não é liso: _____

ILUSTRAÇÕES: ALBERTO DE STEFANO

3 Reescreva as palavras abaixo na tabela de acordo com a terminação correta.

polon■   camaron■   franqu■   sutil■

clar■   grand■   defes■   congol■

-esa	-eza

4 Escreva o feminino destes adjetivos pátrios.

a) libanês ➡ _____

b) milanês ➡ _____

c) tailandês ➡ _____

d) galês ➡ _____

e) chinês ➡ _____

f) japonês ➡ _____

5 Escreva o substantivo derivado de cada adjetivo abaixo utilizando a terminação EZA.

a) real ➡ _____

b) áspero ➡ _____

c) esperto ➡ _____

d) firme ➡ _____

e) bonito ➡ _____

f) rico ➡ _____

g) frio ➡ _____

h) grande ➡ _____

6 Leia as frases a seguir e escreva nos quadrinhos **F** se for falsa e **V** se for verdadeira.

☐ Os adjetivos pátrios terminados em ÊS são escritos com ESA no feminino.

☐ O sufixo EZA forma substantivos derivados de adjetivos.

☐ O sufixo EZA forma adjetivos derivados de substantivos.

☐ O feminino de **barão** é **baronesa** e o feminino de **marquês** é **marquesa**.

☐ O feminino de **português** é **portuguesa**.

Preposição e locução prepositiva

1 Leia esta notícia.

http://mod.lk/biolumen

O que fazem os animais que moram no fundo do oceano, onde a luz não chega? 76% deles emitem a própria luz, revela estudo divulgado na revista *Scientific Reports*. A pesquisa foi feita com base em 350 mil registros de vídeo feitos em 17 anos com câmeras capazes de captar o brilho de animais a partir de um centímetro na Baía de Monterey, na Califórnia.

Os vídeos usados no estudo foram gravados em veículos operados remotamente a uma profundidade de 3.900 m.

Pela primeira vez o estudo fez uma análise quantitativa. As estimativas anteriores eram feitas com base na proporção de animais brilhantes por meio de observações feitas por pesquisadores que viam da janela de veículos submersíveis.

Abaixo de 300 metros, o oceano é totalmente escuro, então os animais não precisam brilhar tanto. Mas eles não usam sua capacidade de produzir luz a todo momento para não chamar a atenção dos predadores e não gastar muita energia.

ALEXANDER SEMENOV/SCIENCE PHOTO LIBRARY/LATINSTOCK

Águas-vivas estão entre os animais que emitem mais luz.

UOL São Paulo. 76% dos animais aquáticos brilham no escuro do oceano; veja espécies. *UOL Ciência*. Disponível em: <http://mod.lk/biolumen>. Acesso em: 11 fev. 2019.

> Circule no texto todas as preposições e locuções prepositivas. Depois, organize-as na tabela abaixo.

preposições ➡	
preposições unidas a artigos ➡	
locuções prepositivas ➡	

2 Encontre no diagrama as preposições do quadro.

A	P	Ó	S	,	B	D	É	P	C
T	Á	T	E	M	U	L	D	O
É	S	U	M	E	R	Á	E	M
C	O	N	T	R	A	P	S	G
P	B	T	R	Ó	N	A	D	S
O	R	D	Á	Z	T	R	E	O
R	E	B	S	R	E	A	N	B

até   trás
por   com
após   contra
sem   durante
sobre   para
desde   sob

3 Sublinhe as locuções prepositivas e circule as preposições unidas a artigos.

a) Antes de iniciarmos os jogos, agradeço a todos pela acolhida.

b) Colocarei a direção a par de tudo o que aconteceu na escola hoje.

c) Apesar de termos saído mais cedo, ficamos presos no trânsito.

d) A respeito de avaliação, conversaremos no final da aula.

4 Complete as frases com as locuções prepositivas do quadro.

graças a   por causa de   apesar de
     de acordo com   ao redor de   antes de

a) _____ cansado, brincou com as crianças o tempo todo.

b) Fizemos um agradecimento _____ jantar.

c) Os alpinistas não subiram ao topo da montanha

_____ uma tempestade de verão.

d) _____ o diretor, haverá aula hoje.

e) Os ladrões foram presos _____ ele.

f) Lúcia quer os filhos sempre _____ si.

1 Leia as duas primeiras estrofes do poema *Canção do exílio*, de Gonçalves Dias.

Minha terra tem palmeiras,
Onde canta o sabiá;
As aves, que aqui gorjeiam,
Não gorjeiam como lá.

Nosso céu tem mais estrelas,
Nossas várzeas têm mais flores,
Nossos bosques têm mais vida,
Nossa vida mais amores.

Domínio público.

a) Circule todas as formas do verbo **ter** que aparecem no texto.

b) Releia os versos abaixo e observe os verbos destacados.
Marque S para o verbo no singular e P para o verbo no plural.

☐ Minha terra **tem** palmeiras

☐ Nossas várzeas **têm** mais flores

☐ Nossos bosques **têm** mais vida

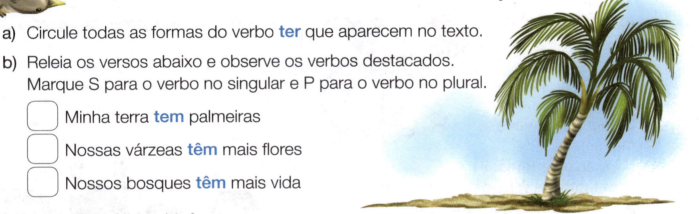

2 Leia este provérbio chinês.

Dois homens vêm andando por uma estrada, cada um com um pão.
Se, ao se encontrarem, trocarem os pães, cada um vai embora com um.
Dois homens vêm andando por uma estrada, cada um com uma ideia.
Se, ao se encontrarem, trocarem as ideias, cada um vai embora com duas.

ILUSTRAÇÕES: ALBERTO DE STEFANO

a) Circule todas as formas do verbo **vir**.

b) Como estão conjugadas as formas verbais que você circulou?

☐ No singular. ☐ No plural.

c) Ligue as colunas.

| vêm | 3ª pessoa do singular do presente do indicativo |
| vem | 3ª pessoa do plural do presente do indicativo |

d) Reescreva a frase como se fosse um só homem.
Dois homens vêm andando por uma estrada com uma ideia.

_____

Os alunos do 5º ano C escreveram uma matéria sobre basquete em cadeira de rodas para o jornal da escola. Mas, pelo jeito, se atrapalharam ao usar os verbos **tem**, **têm**, **vem** e **vêm**!

NA CESTA!!!

Leandro é cadeirante e têm muita força de vontade. Ele treina basquete em cadeira de rodas todos os dias na quadra do bairro. Leandro têm várias medalhas.

Marcos e Renan vem também para jogar com o amigo. Depois vem outros jogadores, que trazem a torcida para animar.

O pessoal da torcida organizada vêm para ver o treino de Leandro e seus amigos. E aproveitam para ensaiar a coreografia para o campeonato de torcidas. Eles tem um objetivo neste ano: ficar em primeiro lugar!

Você e sua turma também têm uma torcida organizada na escola?
Escreva para o nosso jornal e conte como ela é!

Se você vem comigo, a torcida se fortalece! Bem-vindo, meu amigo! O time agradece!

✔ Reescreva as frases nas quais você encontrou erros, corrigindo-os.

_____
_____
_____
_____
_____
_____

Verbo

1 Leia o trecho inicial desta reportagem.

Comer, beber e brincar

Evelyn Soares

Nada melhor que sair de casa para brincar com os amigos em um gramado bem verde e fazer um lanche gostoso para repor as energias.

Com o fim do verão, que acaba na quarta-feira, e o início do outono, as temperaturas ficarão cada vez mais amenas.

Ideal para um piquenique! E o Rio, com suas muitas áreas verdes, é uma cidade perfeita para isso.

Lucas Pirahy Praça, de 6 anos, adora esse programa. Ele até já comemorou um aniversário no jardim do Parque da Catacumba, na Lagoa. [...]

Evelyn Soares. Comer, beber e brincar. *O Globo,* 16 mar. 2013. Globinho.

a) Circule todos os verbos do texto.

b) Copie no quadro apenas os verbos no infinitivo que você encontrou na reportagem, identificando sua conjugação.

➤ Observe o exemplo.

comer	2ª conjugação – er

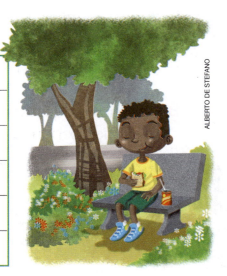

ALBERTO DE STEFANO

c) Agora, organize no caderno os verbos que aparecem conjugados na reportagem.

➤ Observe o exemplo.

Verbo	Pessoa e número	Tempo	Infinitivo/conjugação
acaba	3ª pessoa do singular	presente	acabar – 1ª conjugação

2 Leia o texto.

Autoridade

Gente vestida de importante, com cara de importante e jeito de importante, que **pretende dizer** e **fazer** o que é importante, mesmo que ninguém se importe com aquilo.

Adriana Falcão. *Pequeno dicionário de palavras ao vento*.
2. ed. São Paulo: Salamandra, 2013.

a) Copie nos quadros abaixo os verbos destacados no texto.

➤ Escreva uma frase para cada verbo no tempo verbal pedido.

☐ ➡ passado _____

_____

☐ ➡ futuro _____

_____

☐ ➡ presente _____

_____

b) Esses verbos pertencem a qual conjugação? _____

3 Reescreva as pegadinhas passando o verbo para o tempo indicado nos parênteses. Depois, responda-as oralmente.

a) Por que as pessoas **colocaram** o despertador embaixo do travesseiro?

(presente) _____

_____

b) Por que a cenoura **tem** ciúmes da cebola?

(passado) _____

_____

c) Onde a comida **foi presa** por matar a fome?

(futuro) _____

_____

ILUSTRAÇÕES: ALBERTO DE STEFANO

4 Leia as frases a seguir e circule os verbos flexionados.

I. Os pesquisadores encontraram fósseis de dinossauros nesta região.

II. As alunas comprarão os materiais necessários para a maquete.

III. Meus amigos sempre me chamam para jogar bola depois da aula.

IV. As turmas tiveram pouco tempo para finalizar os cartazes.

a) Em que pessoa esses verbos se encontram?

_____

b) Reescreva as frases passando os verbos para a 3ª pessoa do singular. Faça as adaptações necessárias.

I. _____

_____

II. _____

_____

III. _____

_____

IV. _____

_____

c) Indique em que tempo foi conjugado cada verbo.

_____

5 Escreva uma frase com os verbos a seguir no tempo verbal indicado.

a) Ler ➡ Passado _____

_____

b) Cantar ➡ Presente _____

_____

c) Viajar ➡ Futuro _____

_____

d) Assistir ➡ Presente _____

_____

ICE e ISSE

1 Escreva as palavras completando-as com a terminação correta.

 = ICE    = ISSE

a) sub _____

b) acud _____

c) bisbilhot _____

d) sovin _____

e) part _____

f) proib _____

g) fof _____

h) rabug _____

➤ Agora, organize as palavras no quadro.

Verbos	Substantivos

2 Leia as palavras a seguir.

a) Circule a palavra com a grafia errada em cada grupo.

meiguice	pedisse	dormisse	mesmice
tolice	saísse	partisse	doidice
velhice	peraltisse	esquisitisse	meninisse
vesguice	abrisse	dirigisse	maluquice
fugice	ouvisse	divertisse	chatice

b) Escreva corretamente as palavras que você circulou.

_____

3 Complete as frases ligando as colunas.

Com ICE formamos	verbos no pretérito imperfeito do subjuntivo.
Com ISSE formamos	substantivos.

Verbo principal e verbo auxiliar

1 Complete as frases com os verbos e tempos indicados.

a) Júlio _____ na praia ontem.

estar + andar (pretérito imperfeito)

b) Nós _____ a dupla, mas eles já

ir + cumprimentar (pretérito imperfeito)

_____ pelos fundos do teatro.

haver + sair (pretérito imperfeito)

2 Leia a tirinha.

NÍQUEL NÁUSEA   Fernando Gonsales

a) Sublinhe os verbos da tirinha.

b) Copie as frases que têm locução verbal.

_____

_____

c) Identifique o verbo principal e o verbo auxiliar de cada frase que você copiou.

_____

_____

3 Circule o verbo auxiliar e sublinhe o verbo principal das locuções verbais.

a) Já tinha jogado bastante quando a bola furou.

b) Meus pais estão lendo jornal.

c) Vou espantar o sono e assistir a mais um filme.

4 Ligue as colunas de acordo com o que cada verbo expressa.

a) | **Viajo** todos os anos a passeio.

b) | Agora **estou viajando** a trabalho.

c) | As crianças **acordam** cedo.

d) | As crianças **têm acordado** cedo.

Fato que acontece sempre.

Fato que acontece no momento em que se fala ou durante algum tempo.

5 Leia as frases.

I. Carlos trouxe lanche para todos.

II. Tenho trabalhado muito ultimamente.

III. Hei de conquistar meus sonhos.

➤ Agora, sublinhe a afirmativa correta.

a) Nas frases I e II, não há verbos auxiliares.

b) Nas frases II e III, há verbos auxiliares.

c) Nas frases I, II e III, há verbos auxiliares.

6 Leia algumas manchetes da revista *Ciência Hoje das Crianças*.

Cientistas observam o que **acreditam ser** a formação de um novo planeta

Disponível em: <http://mod.lk/planetas>.

A poluição luminosa das grandes cidades **está tirando** o brilho das estrelas

Disponível em: <http://mod.lk/muiilumi>.

Entenda como impressoras 3D **podem ajudar** na pesquisa em saúde

Disponível em: <http://mod.lk/fabteci>.
Acessos em: 11 fev. 2019.

a) Substitua a locução verbal destacada em cada frase por um só verbo, sem mudar o significado. Escreva esse verbo no quadrinho correspondente.

b) Qual verbo permaneceu em cada frase: o auxiliar ou o principal? _____

7 Circule as locuções verbais nas frases a seguir.

a) Cientistas estão pesquisando os efeitos do aquecimento global.

b) Os estudantes têm feito descobertas surpreendentes.

c) Novas amostras de água foram coletadas após as chuvas.

d) Todos haviam desconfiado de que o problema persistiria mesmo com os cartazes.

➤ Como essas locuções são formadas? Indique o verbo principal e o verbo auxiliar.

_____

_____

_____

➤ Escreva uma oração com o verbo **estar** mais um verbo principal no particípio.

_____

_____

➤ Escreva uma oração com o verbo **haver** mais um verbo principal no particípio.

_____

_____

8 Complete as frases a seguir com uma locução verbal indicada no quadro.

a) verbo auxiliar + **perder(-se)** (presente)

Eles _____ no meio do caminho.

b) verbo auxiliar + **morar** (passado)

_____ nesta casa.

c) verbo auxiliar + **nadar** (presente)

Ela _____ muito bem no estilo borboleta.

d) verbo auxiliar + **fazer** (futuro)

Os novos moradores _____ uma cópia das chaves.

e) verbo auxiliar + **construir** (presente)

Os operários _____ o novo edifício.

Vê e veem; lê e leem

1 Leia os ditados populares observando os verbos destacados.

> O que os olhos não **veem** o coração não sente.

> Quem **vê** cara não **vê** coração.

➤ Qual é a diferença entre **vê** e **veem**? Relacione as colunas para responder.

vê		verbo **ver**, 3ª pessoa do singular do presente do indicativo

veem		verbo **ver**, 3ª pessoa do plural do presente do indicativo

2 Complete as frases com **vê** ou **veem**.

a) Em média, as crianças brasileiras _____ televisão de três a quatro horas por dia.

b) Ele não _____ maldade no mundo.

3 Leia as frases dos quadros.

Uma criança que não **lê** está perdendo uma experiência inesquecível.

(Mauricio de Sousa)

Os verdadeiros analfabetos são os que aprenderam a ler e não **leem**.

(Mário Quintana)

➤ Das formas verbais destacadas, qual está:

a) no singular? _____   b) no plural? _____

4 Pinte os quadrinhos que correspondem ao verbo que completa cada frase.

	VÊ	VEEM	LÊ	LEEM
Ele não ✱ o perigo.				
Os dois se ✱ sempre.				
As meninas ✱ o gibi.				
A professora ✱ o jornal.				

Estes alunos estão estudando conjugação verbal. Escreva o nome de quem:

☐	✓ usou o verbo **vir** em lugar de **ver**.
☐	✓ escreveu o verbo **ler** na 3ª pessoa do singular sem acento.
☐	✓ escreveu errado o verbo **ler** na 3ª pessoa do plural.
☐	✓ conjugou o verbo **ler** na 3ª pessoa do plural, em vez de conjugá-lo na 3ª pessoa do singular.
☐	✓ usou o verbo **ver** corretamente.
☐	✓ conjugou o verbo **ver** na 3ª pessoa do plural, em vez de conjugá-lo na 3ª pessoa do singular.

Aline: Marcos gosta de jornais e os leem todos os dias.

Maurício: A bibliotecária está distraída e não veem quem pega os livros.

Letícia: Maurício não vê seu livro há semanas.

Paulo: Os alunos estão concentrados e não vêm quem está por perto.

Marcos: Aline le um livro de aventuras por semana.

Rodrigo: Na biblioteca, os alunos lem em silêncio.

ILUSTRAÇÕES: ALBERTO DE STEFANO

✔ Reescreva as frases corretamente.

_____

_____

_____

_____

_____

Advérbio e locução adverbial

1 Leia a tirinha e responda ao que se pede.

Schulz

> Identifique e classifique o advérbio que aparece em todos os quadrinhos.

_____

2 Observe os títulos destes filmes.

 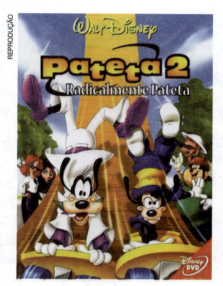 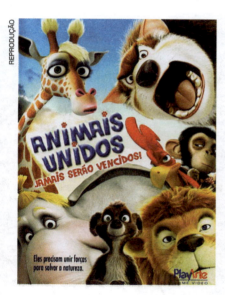

a) Circule os advérbios.

b) Agora, organize os advérbios que você circulou de acordo com a circunstância que expressam.

Advérbio de tempo	
Advérbio de lugar	
Advérbio de modo	

3 Observe o título deste outro filme.

a) Qual é a classe gramatical destas palavras?

DIVERTIDA _____

MENTE _____

b) Qual palavra você pode formar unindo essas duas

palavras e que dá título ao filme? _____

c) Qual é a classe gramatical da palavra que

você formou? _____

d) Escreva uma frase usando a palavra que você formou.

_____

4 Leia esta tirinha do Recruta Zero.

RECRUTA ZERO Mort Walker

➤ Agora, copie no quadro os advérbios e locuções adverbiais que aparecem na tirinha.

Advérbios de modo	
Advérbio de tempo	
Locuções adverbiais de modo	

1 Ligue as siglas a seguir às palavras ou frases correspondentes.

IBGE	Fundação Nacional do Índio
FUNAI	Organização das Nações Unidas
OMS	Instituto Brasileiro de Geografia e Estatística
ONU	Organização Mundial da Saúde

2 Escreva por extenso as abreviaturas e os símbolos.

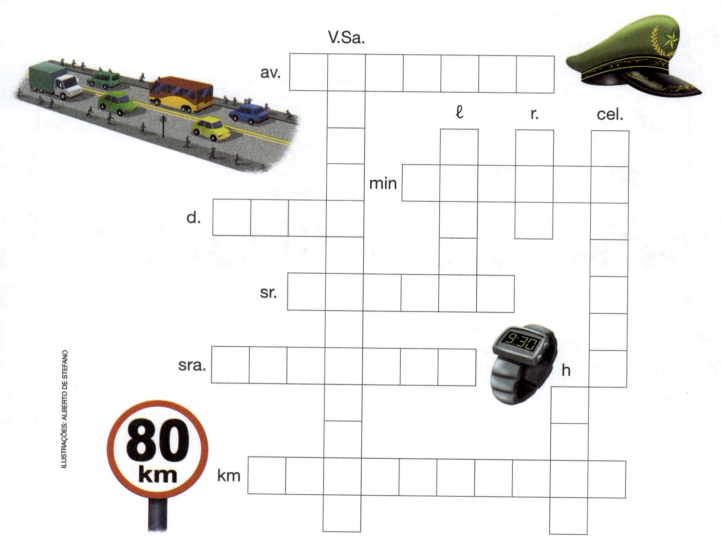

V.Sa.
av.
ℓ   r.   cel.
min
d.
sr.
sra.   h
km

ILUSTRAÇÕES: ALBERTO DE STEFANO

3 Observe os símbolos entre parênteses.

➤ Escreva as palavras correspondentes por extenso para completar as frases.

a) No treino de hoje, conseguimos correr 10 _____ (km).

b) Para fazer uma almofada, você precisará de 80 _____ (cm) de tecido.

c) A aula começa às 14 _____ (h).

d) O cronômetro marcou 5 _____ (s) de diferença entre os competidores.

e) Para esta receita, utilize 100 _____ (g) de nozes picadas.

f) Asse o bolo por 30 _____ (min) em forno médio.

4 Leia o texto a seguir.

Há quem viaje longas distâncias com o objetivo exclusivo de avistar pássaros em liberdade. Ornitólogos e entusiastas dessa prática podem contar agora com uma entidade nacional que pretende criar instrumentos para estimular, facilitar e difundir a atividade no país. Inaugurada em outubro de 2011, a Associação Brasileira de Observadores de Aves (Aboa) já reúne mais de 600 membros. [...]

De olho nas aves. *Ciência Hoje*. Disponível em: <http://mod.lk/nas_aves>.
Acesso em: 12 fev. 2019.

a) Copie do texto uma sigla e seu significado.

_____

b) Na sua opinião, por que o autor do texto não utilizou apenas a sigla para se referir à associação?

_____

_____

_____

5 Pesquise abreviações e siglas e escreva seus significados.

_____

_____

_____

Palavras semelhantes

1 Observe as imagens.

ILUSTRAÇÕES: ALBERTO DE STEFANO

1

2

3

a) Relacione as imagens aos seus significados.

☐ Gesto de saudação.

☐ Tamanho, extensão.

☐ Obediência às leis.

b) Assinale a sequência de palavras que representa o significado correto de cada imagem.

☐ cumprimento/comprimento/cumprimento

☐ comprimento/cumprimento/cumprimento

☐ comprimento/cumprimento/comprimento

2 Complete as frases com uma das palavras entre parênteses.

a) A _____ do cenário daquela história fez com que nos sentíssemos participando da narrativa junto às personagens. (descrição/discrição)

b) Ele entrou na sala com tanta _____ que ninguém reparou. (descrição/discrição)

c) A expectativa era tão grande que eles começaram a _____ antes de o jogo começar. (suar/soar)

d) Mesmo com alguns imprevistos, as vozes do coral _____ de forma extremamente harmoniosa durante a apresentação. (soaram/suaram)

3 Leia as frases a seguir, observando as palavras em destaque.

a) Após as chuvas e a **iminência** de queda de árvores, a passagem pela praça foi interditada temporariamente.

b) A vinda da rainha da Inglaterra ao país é **eminente**.

c) O **cavaleiro** andante Dom Quixote é uma das personagens mais famosas da literatura mundial.

d) No início desta coreografia, os **cavalheiros** se posicionarão à direita das damas.

e) Novas profissões vão **emergindo** com o passar do tempo.

f) O submarino **imergiu** a 300 metros de profundidade.

➤ Agora, relacione os sentidos das palavras destacadas ao significado de cada uma delas.

☐ Aquele que anda a cavalo, que cavalga.

☐ Importante, ilustre.

☐ Entrar na água, mergulhar.

☐ Proximidade, ameaça.

☐ Par masculino em danças, homem educado.

☐ Aparecer, vir à tona.

ILUSTRAÇÕES: FERNANDO UEHARA

4 Escreva cada palavra do quadro abaixo da ilustração correspondente.

| suar   soar   cavaleiro   cavalheiro |

_____

_____

_____

_____

➤ Agora, escreva uma frase usando cada uma dessas palavras. Os verbos podem ser conjugados. Use a sua criatividade!

_____

_____

_____

_____

_____

ILUSTRAÇÕES: FERNANDO UEHARA

DESAFIO

Os alunos do 5º ano B organizaram as palavras dos quadros, classificando-as em abreviaturas, siglas ou símbolos, de acordo com a legenda. Mas eles cometeram 8 erros!

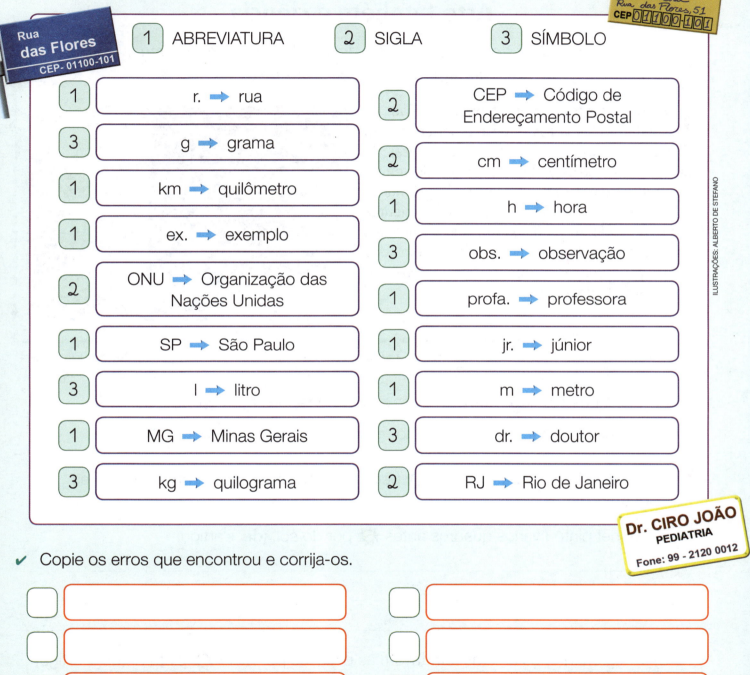

| 1 ABREVIATURA | 2 SIGLA | 3 SÍMBOLO |

1 r. ➡ rua

3 g ➡ grama

1 km ➡ quilômetro

1 ex. ➡ exemplo

2 ONU ➡ Organização das Nações Unidas

1 SP ➡ São Paulo

3 l ➡ litro

1 MG ➡ Minas Gerais

3 kg ➡ quilograma

2 CEP ➡ Código de Endereçamento Postal

2 cm ➡ centímetro

1 h ➡ hora

3 obs. ➡ observação

1 profa. ➡ professora

1 jr. ➡ júnior

1 m ➡ metro

3 dr. ➡ doutor

2 RJ ➡ Rio de Janeiro

Rua das Flores CEP- 01100-101

Maria Rosa Rua das Flores, 51 CEP 01100-101

Dr. CIRO JOÃO
PEDIATRIA
Fone: 99 - 2120 0012

ILUSTRAÇÕES: ALBERTO DE STEFANO

✔ Copie os erros que encontrou e corrija-os.

1 Leia esta curiosidade da revista *Ciência Hoje das Crianças*.

Arte também é ciência

Quadros de Monet ajudam a desvendar como era o clima na Inglaterra de cem anos atrás!

O pintor francês Claude Monet gostava de pintar várias vezes a mesma paisagem, em diferentes horas do dia e diferentes épocas do ano. Ao lado, dois quadros nos quais ele retrata os prédios do Parlamento inglês, em Londres. A posição do Sol fornece pistas para os cientistas determinarem as datas em que os quadros foram pintados. A coloração do céu também pode ajudar a desvendar mistérios centenários sobre neblinas e até poluição do ar!

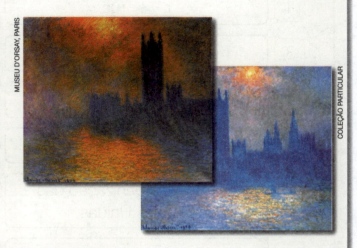

MUSEU D'ORSAY, PARIS

COLEÇÃO PARTICULAR

Ciência Hoje das Crianças. Disponível em: <http://mod.lk/artecie>. Acesso em: 12 fev. 2019.

a) Sublinhe os artigos com um traço e as preposições com dois traços.

b) Circule as preposições que estão unidas a artigos.

2 Copie as frases substituindo a ☀ pela união da preposição entre parênteses com um artigo.

a) Monet pintou vários quadros antes ☀ pôr do sol. (**de** + artigo)

_____

_____

_____

b) Antigamente, os artistas retratavam as pessoas por meio ☀ pintura. (**de** + artigo)

_____

_____

_____

3 Ligue as colunas de acordo com o sentido expresso pela preposição em destaque.

a) A casa é **de** madeira.

b) Esta casa é **do** Pedro.

c) As aulas começam **em** agosto.

d) Deixei o celular **na** mesa da sala.

e) Passamos **pelas** praias do Recife.

f) Eduardo só viaja **por** via aérea.

g) Babi irá **ao** teatro hoje.

h) **A** que horas você chega?

posse

matéria

situação no espaço

situação no tempo

meio

lugar

tempo

destino

➤ Agora, sublinhe com um traço as preposições e com dois traços as preposições unidas com artigo.

4 Complete as legendas das fotos usando palavras do quadro.

em   de   na   do   pelo   ao lado da   para

As baleias soltam ar _____ espiráculo e esguicham água _____ todos os lados.

_____ fevereiro de 2013, foi inaugurada uma ciclovia _____ marginal _____ rio Pinheiros _____ cidade _____ São Paulo.

Crase

1 Leia as frases a seguir.

➤ Justifique a ocorrência ou não da crase.

a) As medalhas foram entregues **aos** atletas.

_____

_____

b) A palestrante foi **à** frente do auditório expor seu trabalho.

_____

_____

c) Chegaremos **à** cidade no horário previsto.

_____

_____

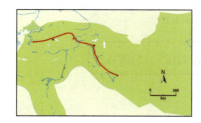

d) Será que eles vão chegar **a uma** cidade diferente da planejada?

_____

_____

e) Eles cortarão o bolo **à** tarde.

_____

_____

f) A plateia começou **a** aplaudir logo que os músicos chegaram.

_____

_____

ILUSTRAÇÕES: CARLOS ASANUMA

2 Circule as palavras que permitem a ocorrência de crase (**à** ou **às**).

mão	professor	quadro	girassol	leitor
fizeram	moda	uma	menina	diário
florista	cinema	vapor	árvore	desenho
ela	escrivaninha	ferramentas	ônibus	senhorita
casa	flores	escrever	ler	escrita

Agora, escreva uma frase com duas das palavras acima em que ocorra crase.

_____

_____

3 Complete as frases a seguir com **a** ou **à**.

a) O tesouro está _____ um metro de distância.

b) Vocês chegarão _____ feira em 5 minutos.

c) _____ tarde, iremos ao cinema.

d) Preferimos cozinhar os legumes _____ vapor.

4 Reescreva as frases substituindo as palavras em destaque pelas indicações entre parênteses. Faça as adequações necessárias.

a) A temperatura diminui **ao anoitecer**. (noite)

_____

b) Pedimos **aos convidados** que guardem seus telefones. (visitas)

_____

c) As sugestões serão encaminhadas **ao setor** responsável. (área)

_____

d) Almoçamos **ao meio-dia**. (doze horas)

_____

Mal e mau

1 Leia a tirinha.

CALVIN E HAROLDO   Bill Watterson

➤ A palavra **mal** é o contrário de: ☐ bom. ☐ bem.

2 Observe o título deste livro.

a) A palavra **mau** é o contrário de:

☐ bom.   ☐ bem.

b) Reescreva o título do livro de modo que ele fique com sentido contrário.

_____

3 Ligue as colunas para completar as frases.

Mal é um ⊘ e é antônimo de bem.   adjetivo

Mau é um ⊘ e é antônimo de bom.   advérbio

4 Leia a tirinha e sublinhe a palavra que é antônimo de **mal**.

MINDUIM   Schulz

a) Copie os dois advérbios da tirinha. _____

b) Quais são as palavras modificadas por esses advérbios? A que classe gramatical elas pertencem?

_____

5 Substitua as expressões a seguir por bem ou bom.

a) **Mau** humor ➡ _____ humor

b) **Mal**-humorado ➡ _____-humorado

c) Falar **mal** ➡ falar _____

d) Ser **mau** ➡ ser _____

➤ Agora, de acordo com o que você observou, complete o quadro.

> I. As palavras **mau** e **bom** são _____.
>
> II. As palavras **mal** e **bem** são _____ de modo.

6 Leia a oração a seguir.

> O **mal** de sair muito tarde é o risco de pegar um congestionamento.

➤ Nessa oração, qual é a classe gramatical da palavra **mal**?

_____

7 Complete com mal ou mau.

a) O texto está _____ escrito.

b) A personagem principal deste filme é um homem _____.

c) Espero que essa história não termine _____.

d) Ele não pôde vir, pois passou _____.

e) O _____ cheiro impregnou toda a sala.

f) Ele foi muito _____ educado e teve um _____ comportamento.

Algumas placas têm graves erros de português.

✔ Ajude o dono da fazenda corrigindo-as.

TRILHA RADICAL A ESQUERDA.

ANDAR À CAVALO.

FAZ MAU A SAÚDE NADAR DEPOIS AS REFEIÇÕES.

NÃO FAÇA MAU OS ANIMAIS.

PARA IR O ESTÁBULO: ATRAVESSE À PONTE.

A DIREITA: PISTA DE PATINS.

CAMINHAR FAZ BEM!

À PARTIR DAS 8 HS, TREINO DE VÔLEI.

ILUSTRAÇÕES: ALBERTO DE STEFANO

1 Observe estas placas de trânsito.

a) Escreva FN para identificar a frase nominal e FV para a frase verbal.

 ⬜

Vire à direita

 ⬜

Mão dupla

b) Justifique sua resposta.

_____

_____

2 Relacione cada mensagem à placa correspondente.

Obras

Animais

Área escolar

Silêncio

_____

_____

_____

_____

_____

_____

_____

_____

_____

a) Escreva à direita uma frase verbal para cada placa.

b) Sublinhe os verbos das frases que você escreveu.

c) Em uma folha avulsa, crie uma placa que você gostaria de ter na porta de seu quarto.

3 Classifique os trechos a seguir em FN (frase nominal) ou FV (frase verbal).

a) Silêncio, por favor! ☐

b) Façam silêncio! ☐

c) Aguardem aqui. ☐

d) Só um minuto, por favor! ☐

e) Muito obrigada! ☐

f) Eles agradeceram o presente. ☐

4 Circule a placa que contém uma frase nominal e faça um um X ao lado da placa que contém uma oração.

ILUSTRAÇÕES: CARLOS ASANUMA

5 A frase que contém verbo chama-se oração.

☐ certo   ☐ errado

6 Transforme as frases nominais a seguir em orações. Faça as adaptações necessárias.

a) Cuidado!

_____

b) Obrigada pela sua presença.

_____

c) Bonita paisagem!

_____

d) Boa tarde a todos!

_____

7 Leia esta piada.

Uma senhora desce do trem e um passageiro grita:

— Ei, o pacote! A senhora esqueceu um pacote no assento!

— Eu sei! — respondeu sorrindo.

— Mas a senhora não vai levá-lo?

— Não, meu filho. Estou deixando um lanchinho para o meu marido. É que ele trabalha na seção "Achados e perdidos" do trem!

Disponível em: <http://mod.lk/xalingo>. Acesso em: 12 fev. 2019. Texto adaptado.

a) Sublinhe com um traço as duas **frases nominais** do texto.

b) Sublinhe com dois traços uma **oração afirmativa** do texto.

c) Sublinhe com um traço pontilhado a **oração interrogativa** do texto.

8 Leia a tirinha.

CALVIN E HAROLDO   Bill Watterson

a) Sublinhe as orações interrogativas da tirinha.

b) Copie uma oração declarativa negativa da tirinha.

_____

c) Copie a única oração declarativa afirmativa da tirinha.

_____

d) A fala do Calvin do segundo quadrinho é uma oração:

☐ declarativa negativa.   ☐ exclamativa negativa.

e) Transforme a fala do segundo quadrinho em uma oração declarativa afirmativa, sem mudar seu significado.

_____

1 Leia o verbete a seguir.

família (fa.mí.lia) *subst. fem.* **1** Grupo de pessoas que mantêm laços afetivos e de solidariedade, e em geral vivem juntas. **2** Grupo de pessoas ligadas entre si pelo casamento e pela filiação ou pela adoção. **3** Grupo de pessoas que são parentes, mas que nem sempre moram juntas. Seus tios, primos e avós são parte da sua **família**.

Dicionário Houaiss Ilustrado.
São Paulo: Moderna, 2016.

➤ Preencha o quadro com palavras do verbete que apresentam o mesmo som.

S em início de sílaba	
S em final de sílaba	
SS	
Ç	

2 Preencha a cruzadinha com o nome das figuras.

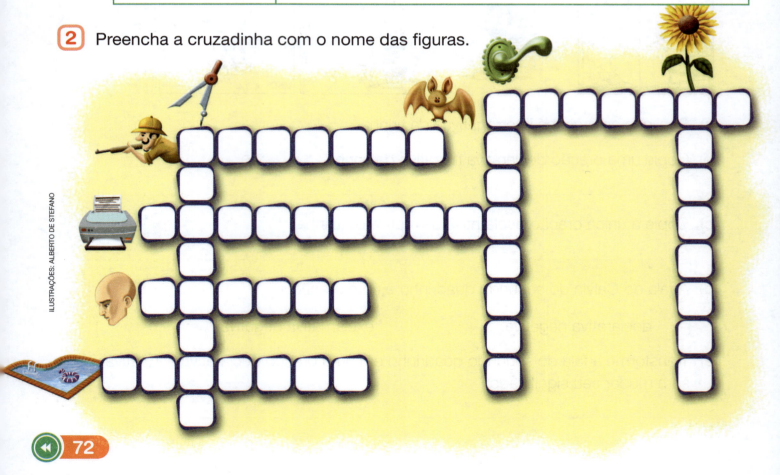

3 Leia com bastante atenção as palavras de cada quadro.

1
socorro
carroceiro   nascer
caçarola   cresça
promessa   exceção

2
sinal
cançado   disciplina
açúcar   desço
pêssego   exceto

3
suado
cacique   discípulo
missanga   acrescentar
vassoura   exceder

a) Qual é o quadro que contém todas as palavras escritas corretamente?

_____

b) Sublinhe as palavras incorretas nos outros quadros.

c) Escreva corretamente as palavras que você sublinhou.

_____

4 Siga as pistas e encontre as palavras no diagrama.

1. Fase entre 12 e 18 anos; juventude.
2. Habitante ou natural do Japão.
3. Cobrir de flores.
4. Pancada dada pelo cavalo com as patas traseiras.
5. Que é muito bom, de ótima qualidade.

6. Ação ou efeito de ofender alguém.
7. Adorno, enfeite, ornamento pessoal.
8. Ato de permitir; consentimento, licença.
9. Proceder, provir por geração; originar-se.
10. Ingênuo, inocente, puro.

J	W	C	I	F	L	O	R	E	S	C	E	R	Y	P
A	D	O	L	E	S	C	Ê	N	C	I	A	Q	E	E
P	C	I	X	Q	M	U	S	S	J	A	M	D	Q	R
O	T	C	Y	S	B	T	U	E	O	Ç	W	E	E	M
N	E	E	Z	C	C	S	O	A	A	Q	X	S	K	I
Ê	R	B	R	T	D	R	F	I	D	F	K	C	S	S
S	Q	H	K	E	X	C	E	L	E	N	T	E	G	S
Ç	W	J	V	K	E	O	N	K	R	Ç	Y	N	Y	Ã
P	Z	K	S	C	I	P	S	J	E	Z	X	D	Z	O
R	B	N	N	I	G	Q	A	U	Ç	N	V	E	X	C
S	I	N	G	E	L	O	J	K	O	L	M	R	Q	X

5 Complete as palavras a seguir com **sc** ou **sç**.

de_____er   di_____ípulo   sei_____entos

de_____a   cre_____o   na_____a

flore_____a   na_____imento   cre_____imento

6 Leia o texto a seguir e complete as palavras com **c**, **ç**, **s**, **ss** ou **xc**.

CARLOS ASANUMA

[...] A produ_____ão, uso e de_____carte de todas as roupas têm impacto_____ no meio ambiente, poi_____ a produ_____ão têxtil requer toneladas de água, geralmente utiliza tratamentos químicos no_____ivos ao meio ambiente e faz uso de muita energia. Além di_____o, o e_____esso de roupas exigirá mai_____ armário_____ – o que também tem impactos no meio ambiente decorrentes de _____ua produ_____ão –

ou exigirá o de_____carte de roupas _____em uso, que certamente implicará em tran_____porte das mesma_____, com impactos de emi_____ão de gases de efeito estufa.

[...]

Organizar o guarda-roupa, espe_____ialmente nas mudan_____as de esta_____ão, ajuda a fazer um bom uso das pe_____as e ace_____órios que temos di_____poníveis, pois ficarão mais visíveis e fá_____eis de visualizar.

Equipe Akatu. Organize o seu guarda-roupas e aproveite melhor as peças e os acessórios. Disponível em: <http://mod.lk/organize>. Acesso em: 12 fev. 2019.

➤ Segundo o texto, qual atitude cotidiana ajudaria a diminuir os impactos do descarte de roupas no meio ambiente?

_____

1 Leia estas manchetes.

> **Estreia da Japan House atrai 7 300 pessoas**
>
> *Folha de S.Paulo*. 7 maio 2017.

> **O pau-brasil é a árvore símbolo do nosso país**
>
> *Ciência Hoje das Crianças*. 24 abr. 2017.

➤ Sublinhe com um traço o sujeito de cada manchete e com dois traços o predicado.

2 Ligue as colunas para completar as frases.

a) A frase que não tem verbo chama-se ★.   sujeito e predicado

b) A frase que tem verbo chama-se ★.   nominal

c) ★ são os dois elementos principais da oração.   oração

d) ★ é o termo sobre o qual declaramos alguma coisa.   predicado

e) ★ é aquilo que declaramos sobre o sujeito.   sujeito

3 Complete as orações com o sujeito adequado a cada predicado.

Blu

Lutas marciais

Todas as crianças

FOTOS (DA ESQUERDA PARA A DIREITA): 20TH CENTURYFOX/PHOTO 12/GLOW IMAGES; . JIM DAMASKE/TAMPA BAY TIMES/ZUMA PRESS/GLOW IMAGES; SANTA CLARA/PHOTONONSTOP/LATINSTOCK

a) _____ precisam tomar vacinas.

b) _____ trazem benefícios às crianças.

c) _____ é a arara-azul do filme *Rio*.

4 Leia o poema *Nas ruas da cidade*, de Elias José.

Lá na rua 21,
O pipoqueiro solta um pum.

Lá na rua 22,
O português diz: pois-pois.

Lá na rua 23,
João namora a bela Inês.

Lá na rua 24,
A Aninha tirou retrato.

Lá na rua 25,
Caiu um barraco de zinco.

Lá na rua 26,
O sorveteiro quer freguês.

Lá na rua 27,
Pedro chama a prima Bete.

Lá na rua 28,
A Verinha vende biscoito.

Lá na rua 29,
A molecada só se move.

Lá na rua 30,
Paro, pois a rima já num pinta.

Disponível em: <http://mod.lk/nas_ruas>. Acesso em: 12 fev. 2019.

a) Escreva o sujeito de cada estrofe nos quadrinhos.

b) Sublinhe o predicado de cada estrofe.

5 Complete as orações com o predicado adequado a cada sujeito.

a) O urso-polar _____

_____

_____

b) A horta caseira _____

_____

_____

ILUSTRAÇÕES: ALBERTO DE STEFANO

JIM BRANDENBURG/ MINDEN PICTURES/ FOTOARENA

ARTERRA PICTURE LIBRARY/ ALAMY/GLOW IMAGES

6 Relacione cada sujeito ao predicado correspondente.

a Alguns animais

b Nós

c Nossos vizinhos

d O suco de abacaxi com hortelã

[ ] estava delicioso e refrescante.

[ ] organizamos os armários em casa a cada nova estação.

[ ] encontraram os donos do cãozinho perdido.

[ ] correm risco de extinção devido às mudanças climáticas.

7 Leia as frases a seguir e sublinhe o sujeito.

a) Chegaram as novas estampas de camiseta.

b) Diziam eles coisas maravilhosas a seu respeito.

c) São eles os voluntários da instituição?

d) Estava lindo o céu naquela noite.

➤ Agora, reescreva as orações colocando o sujeito no início.

_____

_____

_____

_____

_____

8 Complete as orações com os verbos entre parênteses. Lembre-se de que o verbo concorda com o sujeito em número e pessoa.

a) Os aniversariantes do mês _____ juntos ontem. (comemorar)

b) As aulas de violão _____ no próximo mês. (começar)

c) Amanda e eu _____ ler histórias em quadrinhos hoje. (preferir)

1 Leia o texto.

Árvores como o pau-brasil, o mogno e o palmito-juçara são três exemplares da nossa flora que estão em perigo por causa de sua exploração comercial. [...]

Outras espécies de árvores ameaçadas de extinção no Brasil são a castanheira, o jequitibá, a andiroba e a araucária. Mas até mesmo plantas vistas nos quintais das casas podem estar entre as ameaçadas. Um exemplo disso é o xaxim ou samambaiaçu, muito cultivado nos jardins para abrigar as samambaias. Sua extração é proibida em todo o país.

Plantas ameaçadas de extinção no Brasil. *Pensamento Verde*.
Disponível em: <http://mod.lk/xaxim>. Acesso em: 12 fev. 2019.

Xaxim (*Dicksonia sellowiana*).

> Copie do texto as palavras em que o **x** tem o mesmo som das letras destacadas nas palavras a seguir.

a) cau**s**a: _____

b) planta**s**: _____

c) **ch**uva: _____

2 Leia a tirinha.

MAFALDA   Quino

a) Copie a palavra em que o **x** representa o som S. _____

b) Copie a palavra em que o **x** representa o som Z. _____

c) Copie a palavra em que o **x** representa o som CH. _____

d) Qual é o sujeito da oração "Esse lixo enfeia a rua"? _____

3 Leia as palavras do quadro e depois organize-as, de acordo com o som representado pela letra x.

próximo	exemplo	caixas	maxilar	xaxado	aproximação
roxo	mixagem	exalar	exercício	máximo	complexo

Som CH em chá	Som S em osso	Som CS em fúcsia	Som Z em zebra

4 Complete as palavras a seguir.

a) x ou ch

ca_____os

pai_____ão

_____adrez

con_____a

b) x ou s

can_____ado

pro_____imidade

c) x ou z

ê_____ito

lu_____es

_____ulmira

e_____ílio

5 Recorte de jornais e revistas palavras que tenham x ou ch e cole-as aqui.

Durante a investigação de um caso, o detetive recebeu uma mensagem enigmática. Decifre-a.

A – m + nete da + ria que fica na Rua – inho + edo

esteve ontem com o a💣istente da embai💣atri💣, no – io + ete.

E💣eto a embai💣atri💣, eles foram os últimos a ver o de 🟨.

Os 💣ervi💣ais estão com re💣eio de serem chamados pela .

Eles são ino💣entes! Fique de na tal e no a💣e💣or.

💣 = s/ss/c/ç/xc/z/x

_____

_____

_____

_____

_____

_____

_____

_____

_____

ILUSTRAÇÕES: ALBERTO DE STEFANO

Conjunção

1 Leia um trecho deste poema de Carlos Drummond de Andrade.

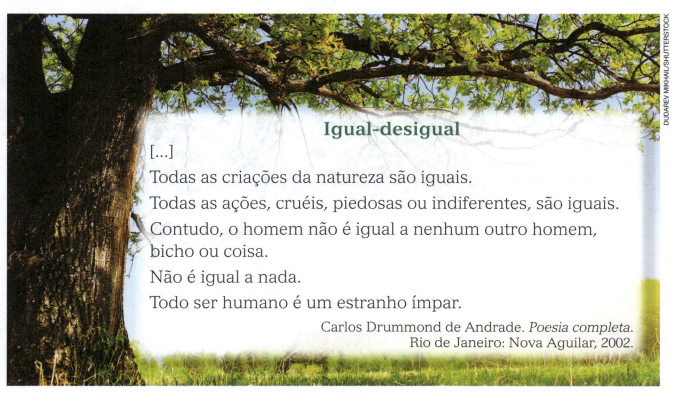

Igual-desigual

[...]
Todas as criações da natureza são iguais.
Todas as ações, cruéis, piedosas ou indiferentes, são iguais.
Contudo, o homem não é igual a nenhum outro homem, bicho ou coisa.
Não é igual a nada.
Todo ser humano é um estranho ímpar.

Carlos Drummond de Andrade. *Poesia completa*.
Rio de Janeiro: Nova Aguilar, 2002.

➤ Sublinhe as conjunções no texto.

2 Leia as frases e complete-as com as conjunções: **e**, **porque** ou **conforme**.

a) "A noite acendeu as estrelas _____ tinha medo da própria escuridão." (Mário Quintana)

b) "Só conheço uma liberdade, _____ essa liberdade é a do pensamento." (Antoine de Saint-Exupéry)

c) Fiz o bolo _____ a receita.

3 Leia esta reflexão e complete as lacunas com **mas** ou **mais**.

Não é o _____ forte que sobrevive nem o mais inteligente,

_____ aquele que melhor se adapta às mudanças.

➤ Agora, complete a frase com as palavras **conjunção** e **advérbio**.

Mais é _____, e **mas** é _____.

4 Em todas as frases há conjunções, exceto em uma.

➤ Assinale a frase que não tem conjunção.

☐ a) Ele saiu de fininho como um gato.

☐ b) Comerei isto, pois estou com muita fome.

☐ c) Caminharei, preservando minha saúde.

☐ d) Eu me levantarei quando sentir o cheirinho do café.

☐ e) Vamos ao parque enquanto ainda faz sol.

5 Assinale a conjunção que substitui a palavra destacada em cada frase sem alterar seu sentido.

a) Contento-me com pouco, **mas** desejo muito.   ☐ porém   ☐ pois

b) Ele se comportou **conforme** o combinado.   ☐ quando   ☐ segundo

c) **Assim que** começar a chover, feche as janelas.   ☐ quando   ☐ enquanto

d) "Penso, **logo** existo." (Descartes)   ☐ mas   ☐ portanto

6 Escreva a classificação da palavra **segundo** em cada frase.

a) Ele fez o trabalho **segundo** as orientações. _____

b) Ele foi o **segundo** aluno a entregar o trabalho. _____

7 Reescreva a frase a seguir substituindo a conjunção destacada por outra equivalente. Não irei ao teatro **caso** ela não vá.

_____

8 Escolha duas conjunções do quadro. Depois, crie uma frase para cada figura utilizando as conjunções escolhidas.

entretanto	mas	quando	porque

_____   _____

_____   _____

_____   _____

1 Leia a seguir o trecho de um verbete sobre uma espécie de ave.

Flamingo

[...]

Habita lagoas salobras rasas sem vegetação, próximas ao mar. Trata-se de uma espécie bela e rara. Alimenta-se, descansa e se reproduz em grupos de tamanhos variáveis, frequentemente grandes, embora alguns indivíduos vagueiem solitários. Seu voo é rápido e direto, com batidas firmes de asas; pescoço e pernas esticadas.

Wikiaves. Disponível em: <http://mod.lk/flamingo>.
Acesso em: 12 fev. 2019.

a) Quais características físicas dos flamingos são apresentadas no trecho?

_____

_____

b) Transcreva do texto o trecho que descreve como são as lagoas onde habitam os flamingos.

_____

_____

c) Quais adjetivos se referem à palavra **lagoas**?

_____

d) Os adjetivos **bela** e **rara** referem-se a qual palavra? A qual classe gramatical essa palavra pertence?

_____

_____

e) Se essa palavra estivesse no plural, como ficariam os adjetivos no texto?

_____

2 Circule somente os artigos que podem anteceder as palavras a seguir.

a) uns – umas – as – os árvores

b) um – uma – a – o tempestade

c) uma – a – o – uns geografia

d) uns – uma – o – a carnaval

e) o – a – um – uns Antônio

f) um – uns – as – umas férias

g) a – o – uns – um parque

h) umas – uma – a – o escada

i) a – o – uns – uma caneta

j) um – o – a – umas telefone

k) uns – o – a – um copo

3 Escolha quatro palavras da atividade anterior e escreva uma oração utilizando cada uma delas. Observe a concordância.

_____
_____
_____
_____
_____
_____
_____
_____
_____
_____
_____
_____
_____
_____
_____
_____
_____
_____
_____

4 Reescreva as frases a seguir passando os substantivos em destaque para o feminino. Faça as adaptações necessárias.

a) Os antigos **funcionários** desta estação serão transferidos para uma sala maior.

_____

_____

b) Os **atletas** vencedores receberam o prêmio entusiasmados.

_____

_____

c) Um querido **amigo** nos escreveu uma mensagem.

_____

_____

d) Os **bailarinos** mais talentosos participarão da competição.

_____

_____

e) Reencontrei um grande **professor**.

_____

_____

➤ Qual dos substantivos anteriores tem a mesma forma no masculino e no feminino?

_____

5 Complete as frases com as indicações entre parênteses, fazendo a concordância correta.

a) Logo cedo, uns _____ começaram a cantar. (bem-te-vi)

b) Tínhamos planos _____: descer a serra de bicicleta e subir de novo no final da tarde. (ambicioso)

c) Vamos colocar as _____ na entrada do museu. (obra)

d) Presenciamos _____ artistas se apresentando. (talentoso)

e) Nesta escola há muitos estudantes _____. (esforçado)

f) Elas são crianças _____. (amoroso)

Traz, trás e atrás

1 Assinale a resposta correta para cada pergunta.

a) Por onde devo passar para não atrapalhar a filmagem?

☐ Devo passar por trás das câmeras.

☐ Devo passar por traz das câmeras.

b) Onde o cachorrinho estava escondido?

☐ Ele estava escondido atrás do sofá.

☐ Ele estava escondido atraz do sofá.

ILUSTRAÇÕES: ALBERTO DE STEFANO

2 Observe as imagens e complete as frases com as palavras traz, trás, atrás.

PM IMAGES/TAXI/GETTY IMAGES

a) Crianças devem viajar sempre no banco de _____.

NG ADENILSON/ LATINCONTENT/GETTY IMAGES

b) No Carnaval da Bahia, todos vão _____ do trio elétrico.

ASIA IMAGES GROUP/ AGEFOTOSTOCK/ AGBPHOTO LIBRARY/ KEYSTONE BRASIL

c) Ele é fofoqueiro, um leva e _____.

3 Pinte os quadrinhos que ligam as palavras à classe gramatical correspondente.

	ATRÁS	TRÁS	TRAZ
advérbio			
preposição ou advérbio			
verbo			

4 Complete as frases com traz, trás e atrás.

a) O setor de alimentos está logo _____ daquela coluna.

b) Toda semana, Camila _____ uma novidade para nos contar.

c) A atividade física _____ benefícios à saúde.

d) Por _____ da aparência mal-humorada, havia um amigo muito divertido.

e) A criança olhou para _____ e acenou para os presentes na sala.

f) Por favor, coloque o sofá _____ daquela mesa.

5 Reescreva as frases substituindo o verbo trazer por outros. Veja sugestões no quadro.

> dá   entrega   atrai   transporta
> carrega   causa   gera   conduz

a) Dizem que o trevo **traz** sorte.

_____

b) Todo ano, ela nos **traz** algum presente.

_____

c) O ônibus que **traz** os alunos acabou de sair.

_____

d) A ameaça de enchentes **traz** preocupações à população.

_____

e) Laura **traz** seu sobrinho no colo com cuidado.

_____

6 Escreva uma frase utilizando traz, atrás ou trás.

_____

_____

ILUSTRAÇÕES: FERNANDO UEHARA

DESAFIO

Kátia, Renan e Lídia escreveram algumas frases e prenderam nos varais da classe. Mas eles cometeram alguns erros!

✔ Assinale as frases erradas e depois reescreva-as corretamente.

Kátia

O namorado trás flores para a amada.

O garoto assustado correu para trás do carro.

A vassoura estava atrás da porta.

Renan

O mecânico traz suas ferramentas na caixa.

No carro, criança sempre no banco de trás!

A sala do diretor fica traz da secretaria.

Lídia

A fêmea traz comida para o filhote no ninho.

Preste atenção à fila! Senão você ficará para traz.

A bola caiu atrás do muro.

Kátia

Renan

Lídia

ILUSTRAÇÕES: ALBERTO DE STEFANO